Heidi Huber

Schnelle Küche für jeden Tag

Auflage:
2015 2014 2013 2012
4 3 2 1

E-Mail: loewenzahn@studienverlag.at
Internet: www.loewenzahn.at

Buchgestaltung und Satz nach Entwürfen von Kurt Höretzeder: Judith Eberharter, Eine Augenweide, www.eine-augenweide.at

Fotografien: alle Heidi Huber, S. 8 Sandra Huber, S. 224 www.fotowerk-aichner.at

Gedruckt auf umweltfreundlichem, chlor- und säurefrei gebleichtem Papier.

Bibliografische Information Der Deutschen Bibliothek
Die Deutsche Bibliothek verzeichnet diese Publikation in der Deutschen Nationalbibliografie; detaillierte bibliografische Daten sind im Internet über <http://dnb.ddb.de> abrufbar.

ISBN 978-3-7066-2514-2

Heidi Huber

Schnelle Küche für jeden Tag

Frisch kochen leicht gemacht

Löwenzahn

Heidi Huber

Schnelle Küche für jeden Tag

Liebe Leserin, lieber Leser!

„Schreib einmal was über schnelle, gesunde Gerichte!“: Dieser Wunsch wurde des Öfteren an mich herangetragen, seitdem sich meine Kochbücher immer größerer Beliebtheit erfreuen, und dem bin ich auch gerne nachgekommen.

Entstanden ist ein Kochbuch mit schnellen Gerichten für jede Gelegenheit – einfach und übersichtlich eingeteilt, egal ob Sie gerade Lust auf Nudelgerichte, knackig frische Salate oder köstliche Süßspeisen haben. Schnell und gesund kochen schließt sich nicht aus, im Gegenteil, gerade bei schneller Küche lassen sich etwa Obst und Gemüse variantenreich zubereiten. Man braucht dazu nur alltagstaugliche Rezepte und die richtigen Grundvoraussetzungen in der eigenen Küche, welche Sie auf den nächsten Seiten genauer nachlesen können.

Das Wissen darum, wie heilsam eine gesunde, ausgewogene Ernährung ist, und das daraus entstandene Interesse daran, dieses Wissen weiterzugeben, ist die Motivation für das Schreiben meiner Kochbücher. Ich freue mich, wenn Ihnen meine erprobten Rezepte den Alltag erleichtern. Eine gesunde und ausgewogene Ernährung stärkt Körper, Geist und Seele.

An dieser Stelle möchte ich Danke sagen, in erster Linie meiner Familie, die mich auf dem Weg zu diesem Buch sehr unterstützt hat. Meinen Freundinnen Gerlinde und Marina danke ich für ihre Anregungen, ihre aufmunternden Worte und ihre tatkräftige Unterstützung. Den Mitarbeiterinnen vom Löwenzahn Verlag ebenfalls ein herzliches Dankeschön!

Ich wünsche Ihnen viel Freude beim Zubereiten und Genießen der Speisen.

Heidi Huber

Frisch kochen – so funktioniert es schnell und einfach

Wenn man wenig Zeit hat, ist der Griff zum Fertiggericht heute oft schon zur Alltagsroutine geworden. Es spricht nichts dagegen, ab und zu Fertigprodukte zu verwenden, aber es fallen dadurch viele positive Erlebnisse weg, die mit dem Zubereiten frischer Nahrungsmittel verbunden sind, sei es der herrliche Duft, der beim Kochen durch das Haus zieht (ist bei Fertigprodukten kaum der Fall), oder die Gewissheit, seiner Familie und sich selbst etwas Gutes zu tun. Sie werden sehen, dass man auf diese Produkte gar nicht angewiesen ist, sondern das frische Kochen auch schnell gehen kann.

Da ich in einem Wirtshaus aufwuchs, bin ich mit schnellem und kreativem Kochen und Backen von klein auf vertraut. In einer Wirtshausküche werden viele Handgriffe parallel erledigt, es sind die Grundzutaten immer auf Vorrat vorhanden und die Ausstattung der Küche ist äußerst professionell. Das sind alles Voraussetzungen, um jederzeit schnelle Gerichte zuzubereiten, die man sich größtenteils auch zuhause schaffen kann. Legen Sie sich einfach einen Vorrat mit Zutaten an, die Sie immer wieder brauchen, und kaufen Sie sich die Küchengeräte und -utensilien, die Sie wirklich benötigen, in hochwertiger Qualität.

Meine Mutter war eine ausgezeichnete Köchin, und ich durfte viel von ihr lernen. Es sind oft die kleinen Handgriffe, die gar nicht schwierig sind, die das Kochen beschleunigen und erleichtern. Als ich begann, die tatsächlichen Zubereitungszeiten der Speisen zu notieren, war ich eigentlich überrascht, wie viel man in sehr kurzer Zeit kochen und backen kann.

Schnell kochen kann kinderleicht sein, wenn man weiß wie.

Die übersichtliche Aufteilung in Kapitel wie Kartoffeln, Süßspeisen oder Gemüsespeisen erleichtert die Suche nach dem passenden Gericht. Manchmal bleiben auch einige Reis- oder Nudelreste übrig, auch für diesen Fall findet man sehr schnell passende Gerichte.

Alle Rezepte in diesem Buch wurden unmittelbar nach dem Zubereiten der Speisen fotografiert, die Rezepte wurden während des Kochens und Backens geschrieben. Sie haben die Gewissheit, dass Sie Rezepte vor sich haben, die jahrelang erprobt, verbessert und optimal auf die schnelle Küche abgestimmt sind.

Essen ist eines der elementaren Grundbedürfnisse. Wenn dieses nur unbefriedigend gestillt wird, dann spüren wir einen ständigen Mangel und auch Verunsicherung. Wenn wir aber bereit sind, uns auf das Zubereiten gesunder, frischer Nahrungsmittel einzulassen, werden wir schon nach kurzer Zeit erkennen, wie positiv die Auswirkungen auf Körper, Geist und Seele sind.

Stressfrei und kreativ kochen durch Vorratshaltung

Lange Zeit war die Vorratshaltung ein wenig in Vergessenheit geraten, dabei ist sie das Um und Auf für entspanntes Kochen. Denn wie oft sieht man ein interessantes Rezept, möchte es zubereiten und beim Blick auf die vorrätigen Lebensmittel merkt man, dass man wesentliche Grundzutaten nicht da hat. Dem kann man durch kluge Vorratshaltung vorbeugen, hier finden Sie einige Empfehlungen dazu. Nur Obst und Gemüse sollte man

In der Vorratskammer

- Mehl (glatt und griffig)
- Vollkornmehl
- Backpulver
- Trockengerm
- Semmelbrösel
- Maisstärke
- Grieß
- Puddingpulver
- Eier
- Nudeln
- Reis
- Kartoffeln
- Salz
- Zucker
- Staubzucker
- Haselnüsse
- Walnüsse
- Mandeln
- Kochschokolade
- Schokosauce
- Sesam
- Leinsamen
- Sonnenblumenkerne
- Kürbiskerne
- Gewürze
- Zwiebeln
- Knoblauch
- hochwertige Öle (z.B. Olivenöl, Sesamöl, Leinöl, Arganöl)
- hochwertige Essigsorten (z.B. Balsamico, Apfel- und Weinessig)

immer frisch kaufen, ausgenommen natürlich Lagersorten. Außerdem ist es hilfreich, immer zu notieren, wenn etwas ausgeht, und es dann gleich nachzukaufen, gerade wenn mehrere Personen in die Haushaltsführung eingebunden sind, wie es heute meist der Fall ist, denn so behält man den Überblick.

Im Kühlschrank

- Eier
- Milch
- Butter/Margarine
- Hartkäse (auch zum Hobeln)
- Weichkäse
- Joghurt
- Topfen
- Sauerrahm
- Crème fraîche
- Streichkäse
- Ketchup und Mayonnaise
- Senf

Schnell kochen mit der richtigen Küchenausstattung

Messer

Im täglichen Gebrauch stehen gut schneidende Messer an erster Stelle der wichtigen Küchenutensilien, weil es nichts Lästigeres gibt, als Zutaten mit einem stumpfen Messer zu schneiden. Hier sollte man beim Kauf auch nicht sparen. Ob man sich für ein qualitativ hochwertiges Messerset entscheidet (meist günstiger) oder einzelne Messer kauft, sollte man sich überlegen, es hängt davon ab, wie viele Messer man benötigt. Ich nehme z.B. für viele Dinge dasselbe Messer, obwohl es Spezialmesser geben würde. Man sollte auch darauf achten, dass Messer gut in der Hand liegen, damit man gerne damit arbeitet.

Kochlöffel, Schöpfer, Küchenfreund und Co.

Hier geht Qualität vor Quantität – auch bei den kleineren Küchenutensilien sollte man auf eine hochwertige Ausführung achten. Zugegeben, die Preisunterschiede zu günstigen Produkten sind enorm, aber wenn man sieht, wie lange gute Küchenhelfer halten, macht sich der höhere Preis bezahlt. Deshalb gilt es hier, Markenqualität zu bevorzugen.

Töpfe

Töpfe mit Thermoböden werden zwar immer als das Nonplusultra angepriesen, für die schnelle Küche eignen sie sich aber nur eingeschränkt. Dünstet man z.B. Gemüse, so ist es besser, einen Topf mit dünnem Boden zu verwenden, der sich schnell erwärmt. Töpfe mit Thermoböden brauchen sehr lange, bis das Wasser erhitzt ist.
Für das Kochen von Rindfleisch, aber auch für das Dünsten von Kartoffeln, kann man sich den Kauf eines Schnellkochtopfes überlegen, die Zubereitungszeiten verkürzen sich enorm.

Küchenmaschine und andere kleine Elektrogeräte

Wer viel kocht und bäckt, wird sich eher für ein Gerät mit vielen Zusatzfunktionen entscheiden, benötigt man die Maschine nur ab und zu, kann es eine sehr einfache Ausführung sein, die die wesentlichsten Anforderungen erfüllt, also raspeln, rühren und kneten kleiner Teigmengen. Manche Geräte sind einem sympathisch und man arbeitet gerne damit, während uns andere irgendwie umständlich erscheinen. Sich Zeit zu nehmen bei der Wahl und sich dann für ein Produkt zu entscheiden, das wirklich den eigenen Bedürfnissen entspricht, erleichtert den Alltag beim Kochen und Backen ungemein. Kleinere, kompakte Maschinen, die man immer griffbereit hat und nicht verräumen muss, sind empfehlenswerter als große, unhandliche, die zu viel Platz auf der Arbeitsfläche wegnehmen.

Ähnliches gilt auch für Mixer, Pürierstab etc. Auch hier sollte man sich die Zeit nehmen, ein wirklich passendes Produkt zu kaufen, das den eigenen Bedürfnissen gerecht wird.

Herde und Öfen

Ein qualitativ hochwertiger E-Herd ist eine Grundvoraussetzung für gutes Gelingen beim Backen. Hier würde man am falschen Platz sparen. Was aber nicht heißt, dass es ein Herd sein muss, der technisch enorm aufwändig ist, oft sind einfachere Herde, die gut zu bedienen sind, im Alltag besser zu gebrauchen. Wer nicht wirklich viel kocht und bäckt, wird ja auch nicht alle Funktionen nutzen. Ansonsten, gut beraten lassen, die einzelnen Modelle vergleichen und schlussendlich das nehmen, was einem wirklich zusagt. Wenn dieser Herd ein bisschen teurer ist, wiegt die Freude beim täglichen Gebrauch den höheren Preis mit Sicherheit auf.

Saisonkalender – frisches Obst und Gemüse in der schnellen Küche

Wenn man bei schneller Küche auf saisonale und regionale Produkte zurückgreift, so hat man während des Jahres immer wieder knackig-frische Mahlzeiten auf dem Tisch und die Gewissheit, das Beste für seinen Körper zu tun.
Der nachstehende Obst- und Gemüse-Saisonkalender wurde von mir mit Hilfe von Marion Kindl vom Salzburger Vitalkisterl erstellt. Marion ist eine jener regionalen Lieferanten, die wöchentlich frisches heimisches Obst und Gemüse direkt ins Haus liefern.

Frühling			**Sommer**
März	**April**	**Mai**	**Juni**
Gemüse:	**Gemüse:**	**Gemüse:**	**Gemüse:**
Blattspinat Radieschen Rotkohl Sauerkraut Weißkohl	Blattspinat Frühlingszwiebeln Kohlrabi Kopfsalat Lauch Radieschen Spargel	Bärlauch Blattspinat Jungzwiebeln Karfiol Kopfsalat Lauch Mangold Pastinaken Radieschen Rettich Salate Sauerkraut Spargel Zucchini	Blattspinat Brokkoli Fenchel Frühkraut Gurke Jungzwiebeln Karfiol Kartoffeln Kohlrabi Lauch Melanzani Pfefferoni Rucola Salate Weißer Rettich Zucchini
Obst:	**Obst:**	**Obst:**	**Obst:**
Äpfel	Äpfel Rhabarber	Erdbeeren Rhabarber	Erdbeeren Kirschen Marillen Schwarzbeeren Stachelbeeren

Saisonale und regionale Produkte garantieren nicht nur Frische und Qualität, sie liefern auch Inspiration zum Abändern der Gerichte in diesem Buch, z.B. schmecken die Erdbeeren mit Biskuitwürfeln von S. 206 natürlich auch mit Himbeeren oder Brombeeren, das Gemüsegulasch von S. 56 ist mit verschiedenen Gemüsen sowohl im Sommer als auch im Winter köstlich.

Juli

Gemüse:

Bohnen
Brokkoli
Erbsen
Fenchel
Fisolen
Gurken
Jungzwiebeln
Karotten
Kartoffeln
Knoblauchgemüse
Kohlrabi
Lauch
Mangold
Melanzani
Radicchio
Radieschen
Romanesco
Salate
Stangenbohnen
Tomaten
Weißkohl
Wirsing
Zucchini

Obst:

Brombeeren
Erdbeeren
Himbeeren
Marillen
Pfirsiche
Schwarzbeeren

August

Gemüse:

Bohnen
Brokkoli
Erbsen
Fenchel
Gurken
Jungzwiebeln
Karfiol
Karotten
Kohl
Kohlrabi
Kürbis (Hokkaido)
Mangold
Paprika
Romanesco
Rote Rüben
Salate
Stangensellerie
Tomaten
Weißer Rettich
Zucchini

Obst:

Aroniabeere
Birnen
Brombeeren
Erdbeeren
Marillen
Schwarzbeeren

Herbst

September

Gemüse:

Bohnen
Brokkoli
Erbsen
Fenchel
Gurken
Jungzwiebeln
Karfiol
Karotten
Kohl
Kohlrabi
Kraut
Kresse
Lauch
Mais
Mangold
Melanzani
Kürbis (Muskat)
Paprika
Pastinaken
Romanesco
Rote Rüben
Salate
Sellerie
Spinat
Stangensellerie
Tomaten
Weißer Rettich
Zucchini

Obst:

Äpfel
Birnen
Brombeeren
Erdbeeren
Himbeeren
Ringlotten
Weintrauben
Zwetschken

Oktober

Gemüse:

Blaukraut
Brokkoli
Chinakohl
Dill
Fenchel
Gurken
Jungzwiebeln
Karotten
Kohl
Kohlrabi
Kohlsprossen
Kraut
Kürbis
Lauch
Paprika
Pastinaken
Romanesco
Rote Rüben
Salate
Sauerkraut
Schwarzer Rettich
Sellerie
Spinat
Stangensellerie
Tomaten
Zucchini
Zwiebeln

Obst:

Äpfel
Birnen
Zwetschken

November

Gemüse:

Blattspinat
Brokkoli
Endiviensalat
Karfiol
Karotten
Kohlsprossen
Kraut
Kürbis
Lauch
Pastinaken
Radicchio
Rettich (schwarz und weiß)
Rotkohl
Schwarzwurzeln
Sellerie
Vogerlsalat
Weißkohl
Wirsing
Zuckerhut
Zwiebeln (rot und weiß)

Obst:

Äpfel
Birnen
Walnüsse

Winter

Dezember

Gemüse:

Blaukraut
Chicorée
Chinakohl
Grünkohl
Karotten
Kartoffeln
Kohl
Kohlsprossen
Lauch
Radicchio
Rettich (schwarz und weiß)
Rettich
Sellerie
Rote Rüben (gekocht)
Sauerkraut
Vogerlsalat
Wirsing
Zwiebeln

Obst:

Äpfel
Mandarinen
Orangen

Jänner

Gemüse:

Chicorée
Chinakohl
Grünkohl
Karotten
Kraut
Pastinaken
Rote Rüben
Sauerkraut
Schwarzer Rettich
Schwarzwurzeln
Sellerie
Weißer Radi
Wirsing
Zuckerhut
Zwiebeln (rot und gelb)

Obst:

Äpfel

Februar

Gemüse:

Chicorée
Chinakohl
Grünkohl
Lauch
Rotkohl
Weißkraut
Wirsing

Obst:

Äpfel

Suppen

Suppen lassen sich sehr gut aufwärmen und viele Suppenvariationen kann man auch zur Arbeit mitnehmen. Beim Würzen der Suppen kann man mit Kräutern nach Lust und Laune experimentieren und so den Geschmack auf natürliche Weise intensivieren.

Viele Suppen lassen sich gut auf Vorrat zubereiten und einfrieren, oder man portioniert sie einzeln in gut verschließbare Dosen und gibt sie in den Kühlschrank. Wenn Suppe wie z.B. Tomatencremesuppe übrig bleibt, kann man diese mit Nudeln oder Gemüse verlängern.

Wenn man einen Topf Suppe am Herd stehen hat, so ist, gerade wenn alle zu unterschiedlichen Zeiten nach Hause kommen, rasch eine wärmende Mahlzeit zubereitet. Wer zwischendurch einen Entschlackungstag einlegen möchte, kann dies sehr gut mit Gemüsesuppe tun. Gerade wenn man ein unangenehmes Völlegefühl hat, beruhigt ein Suppentag die Verdauung.

Grießnockerlsuppe

140 g Grieß
80 g Butter
1 Ei
Salz
geriebene Muskatnuss
1 l Suppe

25 Min.

- Butter abtreiben
- Ei dazugeben und flaumig rühren, salzen
- Grieß und geriebene Muskatnuss darunterheben
- Salzwasser zum Kochen bringen
- inzwischen Suppe zum Kochen bringen
- mit einem Kaffeelöfferl kleine Nockerl aus der Masse stechen
- ins kochende Salzwasser einlegen
- eine kleine Tasse kaltes Wasser dazugießen
- 5 Minuten ziehen lassen
- Nockerl in Suppe einlegen

Tipp:
Durch das Dazugießen einer Tasse kalten Wassers werden die Grießnockerl besonders flaumig.

Zwiebelsuppe mit überbackenen Semmeln

500 g Zwiebeln
1 EL Öl
1 Prise Zucker
1,2 l Wasser
2 Suppenwürfel
1 Semmel vom Vortag
2 EL geriebener Käse

20 Min.

- Zwiebeln schälen und mit dem Gurkenhobel hobeln
- Öl in einem Topf erhitzen
- Zwiebelringe und Zucker dazugeben
- gut durchrösten
- mit Wasser aufgießen
- Suppenwürfel einbröseln
- Suppe 15 Minuten köcheln lassen
- inzwischen Backrohr auf 220 °C erhitzen
- Semmel in Scheiben schneiden
- geriebenen Käse darauf verteilen
- Semmelstücke ins Backrohr geben und 10 Minuten überbacken

Tipp:
Zwiebelsuppe wärmt während der kalten Jahreszeit.

Eintropfsuppe

2 Eier
2 EL Mehl
Salz
gehackter Schnittlauch
1 l Suppe

- Suppe zum Kochen bringen
- inzwischen Eier mit Mehl verquirlen, salzen
- Eiermischung in die kochende Suppe einrühren
- einige Minuten aufkochen
- vor dem Servieren mit gehacktem Schnittlauch bestreuen

10 Min.

Kohlsuppe

1/2 Kohlkopf
1 Zwiebel
2 Karotten
1,2 l Suppe
Kümmel
1 Lorbeerblatt
Majoran
1 EL Öl

- Kohl putzen und nudelig schneiden
- Zwiebel schälen, fein hacken
- Karotten putzen und in Würfel schneiden
- Öl in einem Topf erhitzen
- Zwiebel und Karotten gut durchrösten
- Kohl dazugeben und kurz mitrösten
- mit Suppe aufgießen
- Kümmel, Lorbeerlaub und Majoran dazugeben
- 15 Minuten dünsten

25 Min.

Tipp:
Kohlsuppe eignet sich hervorragend, wenn man ein paar Entschlackungstage einlegen will.

Kartoffelsuppe

3 große Kartoffeln
1/2 Zwiebel
3–4 Knoblauchzehen
1 EL Öl
1/2 TL Honig
1,2 l Suppe
Kümmel
Majoran
1 Lorbeerblatt
Pfeffer

- Kartoffeln schälen und in Würfel schneiden, trocken tupfen
- Zwiebel und Knoblauch ebenfalls schälen und fein hacken
- Öl in einem Topf erhitzen
- Zwiebel, Knoblauch und Honig dazugeben
- Kartoffeln dazugeben und mitrösten
- mit Suppe aufgießen
- Kümmel, Majoran, Lorbeerlaub und Pfeffer dazugeben
- 20 Minuten dünsten

30 Min.

Tipp:
Diese Suppe kann man auch noch mit gebratenen Speckwürfeln verfeinern.

Tomatencremesuppe

4 Cocktailtomaten
500 ml passierte Tomaten
600 ml Suppe
Kümmel
Oregano

- Cocktailtomaten klein schneiden
- passierte Tomaten mit Suppe verrühren
- Tomaten, Kümmel und gehackten Oregano dazugeben
- 10 Minuten dünsten
- mit dem Pürierstab mixen
- in Suppenschalen anrichten

20 Min.

Tipp:
Ich gebe gerne gekochte Muschelnudeln zur Suppe.

Karottencremesuppe

300 g Karotten
1/2 Zwiebel
20 g Ingwer
1 EL Öl
1 l Suppe

25 Min.

- Zwiebel schälen und fein hacken
- Karotten (1 kleine zurückbehalten zum Dekorieren) und Ingwer schälen und in Stücke schneiden, Öl in einem Topf erhitzen
- Zwiebel, Karotten und Ingwer rösten
- mit Suppe aufgießen
- 15 Minuten dünsten
- mit dem Pürierstab mixen
- die übrig gebliebene Karotte grob raspeln
- Suppe anrichten und mit geraspelter Karotte dekorieren

Tipp:
Durch die Zugabe von Ingwer wird der Geschmack dieser Suppe viel intensiver.

Knoblauchcremesuppe

1/2 Knoblauchknolle
1 EL Öl
1, 2 l Suppe
4 EL Sauerrahm
Schnittlauch

20 Min.

- Knoblauch schälen und klein schneiden
- Öl in einem Topf erhitzen
- Knoblauch rösten und mit Suppe aufgießen
- 10 Minuten dünsten
- Knoblauch mit dem Pürierstab mixen
- Sauerrahm einrühren und kurz ziehen lassen
- mit Schnittlauch dekorieren

Tipp:
Wenn man noch eine gekochte Kartoffel übrig hat, kann man diese in Würfel schneiden und zur Suppe dazugeben, dann wird sie sättigender.

Frittatensuppe

2 Palatschinken (siehe S. 61)
1 l Suppe
gehackter Schnittlauch

- Suppe erwärmen
- inzwischen Palatschinken feinnudelig schneiden
- Frittaten in die Suppe einlegen und mit gehacktem Schnittlauch bestreuen

15 Min.

Tipp:
Wenn man Palatschinken zubereitet, kann man gleich ein paar mehr backen und an den nächsten Tagen zu Frittaten schneiden.

Spinatcremesuppe

300 g TK-Cremespinat
750 ml Suppe
2 Knoblauchzehen
1/16 l Schlagobers

etwas geschlagenes Schlagobers zum Dekorieren

- Cremespinat in etwas Suppe unter ständigem Rühren erwärmen
- inzwischen Knoblauchzehen schälen und hacken, zum Spinat geben
- Suppe dazugeben und gut verrühren, einige Minuten dünsten
- Schlagobers einrühren
- auf Tellern anrichten
- mit geschlagenem Schlagobers dekorieren

20 Min.

Tipp:
Einige fein gehackte Brennnesselblätter hinzugeben, das intensiviert den Geschmack dieser Suppe.

Salate

Salate sind schnell zubereitet, besonders wenn man eine Küchenmaschine zur Verfügung hat, um Gurken oder Kraut zu hobeln, Karotten zu raspeln und Kartoffeln kleinzuschneiden. Salate sind in Kombination mit Vollkornbrot oder frischem Gebäck eine absolut vollwertige Mahlzeit.
Sie haben auch den Vorteil, dass man sie in unterschiedlichen Variationen zubereiten kann, einerseits eignen sich Blattsalate oder Salate aus Tomaten, Gurken und Paprika gut, wenn man Lust auf leichte Speisen hat, andererseits haben Bohnen- oder Kartoffelsalate eine lang anhaltende sättigende Wirkung.

Salate richtig marinieren
Erlaubt ist, was schmeckt, allerdings sollten feine Blattsalate erst kurz vor der Zubereitung mariniert werden, während deftige Kraut- und Kartoffelsalate einige Zeit vor dem Servieren mariniert werden können, damit das Aroma von Essig, Öl und Kräutern gut einzieht.

Ich verwende sehr gerne toskanisches Olivenöl für die Zubereitung von Blattsalaten, für Karottensalat lässt sich z.B. Kürbiskernöl gut verwenden und zu Gurkensalat passt ein neutraleres Öl.

Ob man Apfel-, Balsamico- oder Weinessig verwendet, ist ebenfalls eine Frage des Geschmackes. Die Essigsorten schmecken unterschiedlich intensiv und sollten daher vorgekostet und evtl. mit Wasser verdünnt werden. Salat sollte nicht in der Marinade „ertränkt“ werden, daher die Marinade sparsam verwenden.

Wildkräuter und -pflanzen eignen sich ausgezeichnet, um Salaten eine spezielle Note zu geben. So passen z.B. Kleeblüten, Borretschblätter und -blüten, Gänseblümchen oder Malve zu vielen leichten Sommersalaten. Löwenzahnblätter oder Spitzwegerich harmonieren mit Kartoffelsalat, und Schnittlauch, Petersilie, Dill, Basilikum und Oregano runden den Geschmack ab.

Auch eine Marinade aus Joghurt und frisch gehackten Kräutern ist schnell zubereitet. Wer den Geschmack von Mayonnaise liebt, aber es gerne weniger kalorienreich hätte, der mischt einfach Joghurt zur Hälfte mit Mayonnaise ab.

Ich habe einen Vorrat an hochwertigen Ölen und Essigsorten im Haus und nehme mir auch gerne von Reisen regionale Sorten mit. Direkt ab Hof zu kaufen, in der Toskana durch Olivengärten zu wandern, bei der Apfelernte dabei zu sein und zuzuschauen, wie Apfelessig hergestellt wird, oder eine steirische Ölmühle zu besuchen, all das erfreut unsere Sinne und weckt positive Erinnerungen, wenn wir dann im Alltag unsere Speisen zubereiten.

Mozzarellasalat mit Tomaten

300 g Mozzarella
300 g Tomaten
Essig
Öl
Salz
Basilikum

- Mozzarella in Scheiben schneiden
- Tomaten je nach Größe vierteln oder achteln
- Mozzarella mit Tomaten auf Tellern anrichten
- Essig und Öl darübergeben, salzen
- auf Tellern anrichten und Basilikumblätter darüber verteilen

15 Min.

Tipp:
Anstelle von Mozzarella verwende ich auch gerne Schafkäse.

Rucolasalat mit Hartkäse

125 g Rucola
200 g Hartkäse
(z.B. Parmesan)
Essig
Öl
Salz

- Rucola waschen und verlesen
- Hartkäse hobeln
- Käse mit Rucola vermischen
- mit Essig und Öl marinieren, salzen

15 Min.

Nudelsalat

300 g Nudeln
4 Spitzpaprika
100 g Radieschen
200 g Champignons
Essig
Öl
Salz
Mayonnaise oder Joghurtdressing nach Belieben

- Nudeln in Salzwasser bissfest dünsten
- inzwischen Spitzpaprika putzen und klein schneiden
- Radieschen ebenfalls klein schneiden
- Champignons putzen und in Scheiben schneiden
- Nudeln mit kaltem Wasser abschrecken
- alle Zutaten vermischen, salzen
- Salat marinieren und nach Belieben mit Mayonnaise oder Joghurtdressing verfeinern

20 Min.

Tipp:
Ich bereite dazu gerne ein Joghurt-Dressing aus 125 ml Joghurt, 1 EL Mayonnaise, Essig, Sesamöl, Salz, gerösteten Sesamkörnern, gehacktem Schnittlauch und frisch gemahlenem Pfeffer zu, das ich mit dem Sprudler gut verrühre.

Warmer Kohlsalat mit Kürbiskernen

1 Kohl
1 Zwiebel
100 g Kürbiskerne
Kürbiskernöl
Balsamicoessig
Salz

25 Min.

- Kohl putzen und nudelig schneiden
- Zwiebel schälen und schneiden
- Kürbiskernöl in einem Topf erhitzen
- Zwiebel und Kohl darin rösten, salzen
- mit Balsamicoessig ablöschen
- 10 Minuten bei schwacher Hitze dünsten (evtl. etwas Wasser nachgießen)
- auf Tellern anrichten und mit Kürbiskernen bestreuen

Tipp:
Passt gut zu Wildgerichten.

Gurkensalat mit gebratenem Räuchertofu

2 Salatgurken
200 g Räuchertofu
Öl
Essig
gehackte Petersilie
Salz

Petersilienblätter zum Dekorieren

20 Min.

- Gurken hobeln
- Räuchertofu würfelig schneiden
- Öl in einer Pfanne erhitzen
- Räuchertofu bei starker Hitze anbraten, salzen
- Gurken auf Tellern anrichten, marinieren, salzen
- Räuchertofu hinzugeben und gehackte Petersilie darüberstreuen
- mit je einem Petersilienblatt dekorieren

Tipp:
Anstelle von Räuchertofu kann man auch Schinken oder gebratenen Speck verwenden.

Karottensalat mit Walnüssen

500 g Karotten
200 g Walnüsse
Essig
Öl
Salz
4 Scheiben Roggenbrot

- Karotten schälen
- 2 Karotten mit dem Schäler zu Streifen schneiden
- die restlichen Karotten fein hobeln
- auf Tellern anrichten
- mit Essig und Öl marinieren, salzen
- Walnüsse darauf verteilen
- mit Roggenbrot servieren

15 Min.

Tipp:
Ich toaste das Roggenbrot gerne und bestreiche es mit Kräuteraufstrichen.

Rettichsalat mit Apfel

1 Rettich
1 Apfel
1/16 l Schlagobers
Essig
Öl
Salz

15 Min.

- Rettich schälen und fein hobeln
- Apfel entkernen und in Scheiben hobeln
- Rettich mit Apfelscheiben vermischen
- mit Schlagobers, Essig und Öl marinieren, salzen

Tipp:
Dieser Rettichsalat ist die ideale Beilage, wenn von einem Schweinebraten noch Reste übrig bleiben. Einfach diesen kalt in dünne Scheiben schneiden.

Blattsalat mit Schafkäse-Speckröllchen

100 g Schafkäse
8 dünne Speckscheiben
Blattsalate nach Saison
Öl
Essig
Salz

- Schafkäse in Stücke schneiden und mit Speck umwickeln
- Öl in einer Pfanne erhitzen
- inzwischen Salat putzen und waschen
- mit Essig und Öl marinieren, salzen
- wenn das Öl erhitzt ist, Speckröllchen kross braten
- Salat anrichten und die Speckröllchen darüber verteilen

25 Min.

Tipp:
Ich verfeinere das Dressing gerne mit 1/2 TL Honig.

Wurstsalat

400 g Extrawurst
1 Zwiebel
Essig
Öl
Salz
Pfeffer

- Extrawurst nudelig schneiden
- Zwiebel schälen und hobeln
- Wurst mit Zwiebel vermischen
- mit Essig und Öl marinieren, salzen und pfeffern

20 Min.

Tipp:
Ich verfeinere den Salat noch mit Essiggurkerln, Pfefferoni oder Paprikastreifen.

Shrimpssalat

1 Salatkopf der Saison
200 g Shrimps
Öl
Essig
Salz

- Salat waschen und die Blätter teilen
- Öl in einer Pfanne erhitzen
- Shrimps kurz braten
- Salat mit Essig und Öl marinieren, salzen
- Shrimps darüber verteilen

15 Min.

Gemüse

Gemüse ist sehr rasch zubereitet, egal ob als Röstgemüse oder gedünstetes Gemüse. Man kann so gut wie jedes Gemüse mit Nudeln oder Reis servieren, mit Tomatensauce verfeinern oder mit Sauerrahm abschmecken.

Gemüsesorten zu verwenden, die gerade reif sind, wie zum Beispiel im Frühjahr entwässernden Spargel, im Sommer fruchtige Tomaten, im Herbst und Winter wärmendes Kohlgemüse, gibt einem die Sicherheit, sich gesund und ausgewogen zu ernähren.

Ich bin ein Fan von Gemüsemahlzeiten, denn frisches Gemüse ist rasch zubereitet. Natürlich ist Tiefkühlgemüse praktischer und macht weniger Arbeit, aber geschmacklich ist frisches Gemüse einfach intensiver und aromatischer. Ich habe die Erfahrung gemacht, dass man frisches Gemüse innerhalb kurzer Zeit schälen und schneiden kann, der Aufwand ist daher gar nicht viel größer.

Gebratener Kohlrabi mit Buchweizen

2 Kohlrabi
160 g Buchweizen
Salz
Öl
4 Rosmarinzweige zum Dekorieren

- Kohlrabi schälen und hobeln
- Buchweizen dünsten, salzen
- Öl in einer Pfanne erhitzen
- Kohlrabi beidseitig rösten, salzen
- Buchweizen abseihen und in einen Reisring füllen
- Kohlrabi auf Tellern anrichten
- Buchweizen in die Mitte setzen
- mit Rosmarinzweigen dekorieren

25 Min.

Tipp:
Anstelle von Buchweizen verwende ich zur Abwechslung auch Hirse.

Gebackene Melanzani

1 Melanzani
Mehl
Ei
Brösel
Salz
Öl
Petersilie

25 Min.

- Melanzani schälen und in Scheiben schneiden, salzen
- in Mehl, Ei und Bröseln panieren
- Öl in einer Pfanne erhitzen
- Melanzani darin beidseitig goldbraun backen
- gebackene Melanzani anrichten und mit Petersilie dekorieren

Tipp:
Eine andere Variante: Die Melanzanischeiben einschneiden und vor dem Panieren Schinken und Käse hineingeben.

Kohlsprossen mit Kräuterpesto

600 g Kohlsprossen
frische Kräuter (Petersilie, Oregano, Schnittlauch, Kresse, Basilikum)
50 g Sonnenblumenkerne
ca. 1–2 EL Sesamöl
Salz

30 Min.

- Kohlsprossen putzen und halbieren
- in Salzwasser bissfest dünsten
- inzwischen Kräuter mit Sonnenblumenkernen und Sesamöl gut durchmixen, salzen
- Kohlsprossen abseihen und auf Tellern anrichten
- Kräuterpesto darauf verteilen

Tipp:
Dazu schmeckt knuspriges Roggenvollkornbrot.

Bröselkarfiol mit Walnüssen

1 Karfiol
100 g Brösel
Butter oder Margarine
100 g Walnüsse
Salz

- Karfiol putzen und in Röschen teilen
- in Salzwasser bissfest dünsten
- inzwischen Butter oder Margarine in einer Pfanne erhitzen
- Brösel darin rösten, salzen
- Karfiolröschen abseihen und mit den Bröseln verrühren
- Walnüsse ebenfalls daruntermischen

20 Min.

Tipp:
Zu Bröselkarfiol reiche ich ein Dressing aus Mayonnaise und Joghurt mit Kräutern der Saison.

Spargel mit schneller Sauce Hollandaise

800 g Spargel
2 Dotter
160 g Butter
Salz
4 Rosmarinzweige

20 Min.

- Spargel schälen und in Salzwasser dünsten
- inzwischen Dotter erwärmen (nur leicht erwärmen, darf nicht zu heiß werden)
- sehr kalte Butter stückchenweise unter die Dotter rühren
- salzen
- kräftig rühren
- Spargel anrichten, Sauce Hollandaise darüber verteilen
- mit Rosmarinzweigen dekorieren

Tipp:
Spargel – im Frühjahr wohl das beliebteste Gemüse. Er wirkt entschlackend und reinigend auf den Körper. Dieses Gericht kann man sowohl mit weißem als auch grünem Spargel machen, wobei die Dünstzeit bei grünem Spargel geringer ist.

Gemüsegulasch

800 g Gemüse (z.B. Karotten, Kohlsprossen, Karfiol)
1 Zwiebel
1 TL Mehl
1 EL Paprikapulver
Pfeffer
1 Lorbeerblatt
Majoran
Kümmel
Salz
Öl

30 Min.

- Gemüse schälen und/oder putzen, in kleine Stücke schneiden
- Zwiebel schälen und hacken
- Öl in einem Topf erhitzen
- Zwiebel rösten, Mehl und Paprikapulver einstreuen
- gut verrühren
- Gemüse dazugeben und aufgießen, sodass das Gemüse bedeckt ist
- Gewürze dazugeben, salzen
- 20 Minuten dünsten

Tipp:
Durch die Verwendung von Gemüse der Saison passt dieses Gericht in jede Jahreszeit. Es eignen sich z.B. auch sehr gut Melanzani, Zucchini, Paprika.

Kohl mit Kräutersesam

1 kleiner Kohl
2 große Kartoffeln
Kräuter (Petersilie, Schnittlauch)
1/16 l Sesamöl
2 EL Sesam
1 EL Mehl

30 Min.

- Strunk und äußere Blätter des Kohls entfernen
- Kartoffeln schälen und würfelig schneiden
- Kohl nudelig schneiden
- Kohl und Kartoffeln in einen Topf geben und mit 1/4 l Wasser aufgießen
- weichdünsten
- inzwischen Kräuter fein hacken
- 1 EL Sesamöl in einem Topf erhitzen
- Sesam und Mehl einstreuen und gut verrühren
- mit dem restlichen Sesamöl unter ständigem Rühren vermischen
- Kräuter einrühren
- Kohl auf Tellern anrichten und die Kräuter-Sesam-Paste darauf verteilen

Tipp:
Dieses Gericht gibt langanhaltend konstante Energie und wärmt den Körper.

Lauch mit Birnenmus

500 g Lauch
4 Birnen
1 EL Preiselbeermarmelade
Salz

etwas Preiselbeermarmelade zum Dekorieren

25 Min.

- Lauchstangen der Länge nach halbieren und in zwei Teile schneiden
- in Salzwasser dünsten
- inzwischen Birnen sehr klein schneiden
- mit Preiselbeermarmelade in etwas Wasser sehr weich dünsten
- mixen
- Lauch auf Tellern anrichten
- Birnenmus dazugeben und mit einem Tupfen Preiselbeermarmelade dekorieren

Tipp:
Besonders beliebt bei allen, die es süß und geschmacklich intensiv mögen.

Palatschinken mit Gemüsesticks

250 ml Milch
2 Eier
125 g Mehl
Salz, Öl

Für die Fülle:
2 Paprika, rot und gelb
1 Kohlrabi
100 g Champignons
beliebige Kräuter, Öl

Für den Gurken-Dip:
1 Salatgurke
250 g Sauerrahm
2 Knoblauchzehen
Dill, Salz

- aus Milch, Eiern, Salz und Mehl einen Palatschinkenteig bereiten
- Öl in einer Pfanne erhitzen und Palatschinken backen
- Gemüse in Streifen schneiden, Champignons putzen, halbieren
- Gemüse nur kurz in heißem Öl rösten, Champignons ebenfalls anbraten, salzen
- Gemüse und Champignons auf den Palatschinken verteilen
- Kräuter hacken (einige Blätter für die Deko zurückbehalten) und über das Gemüse streuen
- Palatschinken einrollen
- mit Kräutern dekorieren

- für den Dip Salatgurke und Knoblauchzehen schälen, im Mixer zerkleinern
- Dill hacken und dazugeben, Sauerrahm unterrühren, salzen

30 Min.

Zucchinispaghetti

400 g Zucchini
100 g Cocktail-Tomaten
300 ml passierte Tomaten
gehacktes Basilikum
Salz
Öl

Basilikum zum Dekorieren

25 Min.

- Zucchini mit dem Gurkenhobel der Länge nach in Streifen hobeln
- Zucchinistreifen nudelig schneiden
- Tomaten vierteln
- Öl in einer Pfanne erhitzen
- Zucchinistreifen kurz durchrösten
- gehacktes Basilikum dazugeben
- Cocktailtomaten hinzufügen, salzen
- passierte Tomaten untermischen und erwärmen
- auf Tellern anrichten
- mit Basilikum dekorieren

Tipp:
Zucchinispaghetti sind eine leichte Alternative zu Spaghetti aus Nudelteig.

Kartoffeln

Kartoffeln lassen sich gut auf Vorrat dünsten. Daher sind bei einigen Rezepten gedünstete Kartoffeln in der Zutatenliste angeführt. Ansonsten ist ein Schnellkochtopf empfehlenswert, der die Dünstzeit der Kartoffeln auf wenige Minuten verkürzt. Kleinere Kartoffeln sind besser geeignet, um sie in der Schale zu dünsten, sehr große Kartoffeln nimmt man für Gerichte, für die man die Kartoffeln im rohen Zustand schält.

Besonders die Kartoffeln der ersten Ernte im Jahr schmecken sehr intensiv und man kann diese dünsten und mit der Schale servieren. Dazu reicht man Butter oder Topfenaufstriche. Eine herrliche, vollwertige Mahlzeit.

Die Zubereitung von Kartoffelteig ist einfach und zeitsparend, wenn man die Kartoffeln schält und klein schneidet. Auch der Schnellkochtopf ist eine gute Alternative.

Schnelle pikante Kartoffelknödel

500 g mehlige Kartoffeln
150 g Mehl
1 Ei, Salz
Zwiebeln, in Ringe geschnitten

Für die Fülle wahlweise:
120 g klein geschnittene Wurst oder Speck, gehackte Petersilie

100 g Grammeln (faschiert), Salz, Pfeffer

125 g gemischtes Faschiertes, Majoran, Thymian, Salz, Pfeffer

30 Min.

- Kartoffeln schälen, kleinwürfelig schneiden, dünsten
- abseihen und in einem Küchentuch abtrocknen
- passieren
- inzwischen Salzwasser zum Kochen bringen
- Mehl und Ei in die Kartoffelmasse einkneten (Mehlmenge ist abhängig von der Konsistenz der Knödel)
- Teig zu einer Rolle formen
- Teigstücke abstechen und beliebig füllen
- Teigstücke abstechen, Fülle zusammenmischen und Knödel beliebig füllen
- Knödel mit Röstzwiebeln anrichten

Tipp:
Für Kartoffelknödel ohne Fülle nimmt man einfach die doppelte Menge aller Zutaten. Die Zubereitungszeit verlängert sich in diesem Fall um ca. 5 Minuten.

Kartoffeln pur

1 kg Kartoffeln
Salz
Petersilie
Sauerrahmsauce,
Joghurtsauce oder Butter

- Kartoffeln schälen und in 1/2 cm dünne Scheiben schneiden
- dünsten
- Kartoffeln beliebig anrichten

20 Min.

Tipp:
Ich habe dieses Rezept dazu geschrieben, weil ich auf den Wert einer einfachen Kartoffelmahlzeit in Kombination mit Butter oder frischen Aufstrichen hinweisen möchte.

Durch das Schneiden der Kartoffeln in dünne Scheiben verkürzt sich die Dünstzeit erheblich.

Salbeikartoffeln

800 g mittelgroße, gekochte Kartoffeln
Salbeiblätter
Öl
Salz
Pfeffer

20 Min.

- Kartoffeln einschneiden und Salbeiblätter hineinstecken
- Öl in einer Pfanne erhitzen
- Kartoffeln rösten
- salzen und pfeffern

Tipp:
Dazu schmeckt frische Sommer- oder Almbutter hervorragend.

Kartoffelpfanne mit Röstgemüse

600 g gekochte Kartoffeln
2 große Karotten
100 g Kohlsprossen
Salz
Öl

- Kartoffeln schälen und blättrig schneiden
- Karotten schälen und in Scheiben schneiden
- Kohlsprossen putzen und halbieren
- Öl in einer Pfanne erhitzen
- alle Zutaten darin rösten, salzen

20 Min.

Kartoffelkäse

400 g gekochte Kartoffeln
4 EL Sauerrahm
Salz
Pfeffer
gehackter Thymian
gehackte Petersilie oder Schnittlauch

20 Min.

- Kartoffeln schälen und durch die Kartoffelpresse drücken
- Masse mit Sauerrahm abrühren
- salzen und pfeffern
- mit gehacktem Thymian, Petersilie oder Schnittlauch vermischen

Tipp:
Ein altes, überliefertes Rezept, das immer wieder gut schmeckt.

Schnelle Wedges

800 g gekochte Kartoffeln
Öl
Salz
Pfeffer
etwas Paprikapulver
gehackte Petersilie oder Petersilienblätter

- Kartoffeln in Spalten schneiden
- Öl in einer Pfanne erhitzen
- Kartoffeln gut braten, salzen und pfeffern, Paprikapulver dazugeben
- mit gehackter Petersilie bestreuen oder mit Petersilienblättern dekorieren

20 Min.

Kartoffelgratin surprise

800 g geschälte, gekochte Kartoffeln
100 g geriebenen Käse
2 EL Kräuterfrischkäse
Salz
Oregano

25 Min.

- Kartoffeln schälen, in Scheiben schneiden und salzen
- Kartoffeln in einer befetteten Auflaufform zu 4 Häufchen formen
- mit Käse bestreuen
- bei 200 °C im vorgeheizten Backrohr 15 Minuten backen
- aus dem Kräuterfrischkäse Kugeln formen
- Kartoffeln aus dem Backrohr nehmen und auf Tellern anrichten
- mit einer Gabel einen Teil der Kartoffelmasse etwas anheben und die Kräuterfrischkäse-Kugeln hineinsetzen
- mit Oregano dekorieren

Tipp:
Das ideale schnelle Gericht aus übrig gebliebenen gekochten Kartoffeln.

Kartoffelpüree

1 kg mehlige Kartoffeln (es ist wichtig, mehlige Kartoffeln zu verwenden, weil das Kartoffelpüree sonst zäh wird)

Salz
geriebene Muskatnuss
1 Zwiebel
Öl

30 Min.

- Kartoffeln schälen, waschen und in dünne (1/2 cm) Scheiben schneiden
- in einen Topf geben, salzen, Muskatnuss dazugeben, mit Wasser bedeckt dünsten
- inzwischen die Zwiebel schälen und mit dem Gurkenhobel in Ringe hobeln
- Öl in einer Pfanne erhitzen, Zwiebelringe gut durchrösten
- inzwischen Dünstwasser der Kartoffeln abgießen und 1/8 l warmes Wasser dazugeben
- mit dem Kartoffelstampfer stampfen
- Kartoffelpüree auf Tellern anrichten und Zwiebelringe darauf verteilen

Tipp:
Mit diesem Rezept ist es überhaupt kein Problem, ein schnelles Kartoffelpüree zuzubereiten. Im Gegensatz zu Fertigprodukten enthält dieses Püree nur natürliche Zutaten. Kartoffelpüree kann man mit einem Glas Milch als vollwertige Hauptspeise genießen oder man brät Spiegeleier dazu.

Reibedadschi

700 g rohe Kartoffeln
2 Eier
2 EL griffiges Mehl
Salz
geriebene Muskatnuss
Öl

Für die Sauce:
1 Becher Sauerrahm
50 g geriebenen Meerrettich
1 EL Milch

25 Min.

- Kartoffeln schälen und sehr grob reiben, ausdrücken
- inzwischen Öl erhitzen
- Kartoffeln mit Eiern und so viel Mehl verkneten, dass ein kompakter Teig entsteht, salzen, Muskat dazugeben
- flache Laibchen formen
- ins heiße Fett einlegen und beidseitig einige Minuten goldbraun braten
- inzwischen geriebenen Meerrettich mit Sauerrahm und Milch verrühren
- Reibedadschi auf Tellern anrichten und mit Sauerrahmsauce servieren

Tipp:

Dieses Rezept ist eines der einfachsten Rezepte für Reibedadschi, damit gelingen sie sicher! Wichtig ist, dass das Öl für das Herausbacken sehr heiß ist, wenn man die Reibedadschi hineingibt. Und nicht zu viele Laibchen auf einmal ins Öl geben.

Kartoffelroulade

400 g Kartoffeln
8 Scheiben Schinken
1/2 Zucchini
Salz
Öl

30 Min.

- Kartoffeln schälen, in kleine Würfel schneiden und in Salzwasser dünsten
- inzwischen Zucchini in der Mitte auseinanderschneiden und der Länge nach in Streifen hobeln
- Kartoffeln abseihen und mit der Gabel grob zerdrücken
- inzwischen Öl in einer Pfanne erhitzen
- Schinkenscheiben mit Zucchini belegen
- Kartoffelfülle darauf verteilen
- einrollen
- Kartoffelrouladen kurz rundherum in heißem Öl anbraten

Tipp:

Die Kartoffelroulade kann man auch mit Kohlblättern zubereiten.

Reis

Gerade Reis in Kombination mit Gemüse oder frischen Früchten ist eine absolut vollwertige Mahlzeit und sollte daher auch in der schnellen Küche nicht fehlen. Reis zu kochen, dauert normalerweise seine Zeit, daher kann man ihn für die schnelle Küche auf Vorrat kochen. Denn wenn man ihn danach gleich einkühlt, hält er einige Tage im Kühlschrank, sodass man jederzeit eine schnelle Mahlzeit bereiten kann. Reis sollte beim Dünsten schon gut gesalzen werden, da er Salz, wenn es später zugefügt wird, nicht mehr so gut aufnimmt und eher geschmacklos bleibt. Instantreis sollte man nur, wenn es schnell gehen muss, verwenden.

Vollkornreissorten brauchen etwas länger bei der Zubereitung, die enthaltenen Vitamine, Mineralstoffe und Ballaststoffe sind diese Zeit aber wert. Ich liebe die neuen Waldviertler „Reissorten“, dafür wurden Urgetreidesorten wieder neu belebt. Sehr zu empfehlen ist auch Dinkel- oder Einkornreis. Bei den folgenden Gerichten wurde Naturreis verwendet. Wem der nicht schmeckt, kann sie aber genauso mit herkömmlichem Reis zubereiten.

Bohnenreis

280 g Naturreis
1/2 Zwiebel
1 EL Öl
400 g gekochte rote Bohnen
2 EL Kürbiskerne
Salz

- Reis in Salzwasser 25 Minuten dünsten
- inzwischen Zwiebel schälen und hacken
- 10 Minuten vor Ende der Garzeit des Reises Öl in einer Pfanne erhitzen
- Zwiebel gut durchrösten
- Bohnen dazugeben, salzen
- Reis abseihen und unter die Bohnen mischen
- auf Tellern anrichten und mit Kürbiskernen bestreuen

35 Min.

Tipp:
Bohnen in Kombination mit Reis schmecken nicht nur hervorragend, sie sind auch wärmend und sättigend.

Cranberry-Nüsse-Reis

280 g Naturreis
1 EL Butter
100 g Cranberrys
100 g Nussmischung
Salz
gehackte Petersilie

Petersilienblätter
zum Dekorieren

- Reis in Salzwasser 25 Minuten dünsten
- am Ende der Dünstzeit Butter in einem Topf zerlassen
- Reis abseihen
- Reis zur zerlassenen Butter geben und mit Cranberrys und Nüssen verrühren
- evtl. salzen
- mit gehackter Petersilie bestreuen
- mit Petersilienblättern dekorieren

30 Min.

Schinken-Reisröllchen

200 g Reis
8 Scheiben Schinken
50 g Erbsen
Salz
Öl

Petersilienblätter
zum Dekorieren

- Reis in Salzwasser dünsten
- zugleich Erbsen in Salzwasser bissfest dünsten
- Reis abseihen und mit den Erbsen vermischen
- Erbsenreis in Schinkenscheiben einrollen
- Schinkenröllchen evtl. mit Zahnstochern befestigen
- Öl in einer Pfanne erhitzen
- Schinkenröllchen einlegen und kross braten
- mit Petersilienblättern dekorieren

35 Min.

Tipp:
Ein ideales Gericht, um gekochte Reisreste zu verarbeiten.

Apfel-Birnen-Reis

280 g Naturreis
1 TL Vanillezucker
etwas Salz
2 Äpfel
2 Birnen
1 EL Sesamöl
Zimt
1 TL Goldsirup

35 Min.

- Vanillezucker ins Kochwasser geben, salzen
- Reis 25 Minuten dünsten
- inzwischen Äpfel und Birnen entkernen, klein schneiden
- 10 Minuten vor Ende der Dünstzeit des Reises Sesamöl in einer Pfanne erhitzen
- Äpfel und Birnen bei kleiner Flamme rösten, Zimt dazugeben
- Reis abseihen und zur Äpfel-Birnen-Mischung geben, 5 Minuten ziehen lassen
- auf Tellern anrichten und Goldsirup mit einer Gabel fadenförmig darübergeben

Melanzanireis

280 g Naturreis
1 große oder 2 kleine Melanzani
1/2 Zwiebel
Petersilie
1 EL Öl
Salz

35 Min.

- Naturreis in Salzwasser 25 Minuten dünsten
- Melanzani in dünne Scheiben schneiden, schälen
- Zwiebel schälen und hacken, Petersilie hacken
- 10 Minuten vor Ende der Dünstzeit des Reises die Zwiebelstückchen gut rösten
- Melanzani in einer Pfanne in etwas Öl beidseitig anbraten
- Melanzani auf Tellern anrichten, Reis wie abgebildet darauf verteilen
- mit Zwiebelstückchen und Petersilie bestreuen

Schnelle gefüllte Paprika

200 g Dinkelreis
4 Paprika
500 ml passierte Tomaten
Basilikum
Salz
Pfeffer
Öl

- Dinkelreis in Salzwasser 25 Minuten dünsten
- inzwischen Paprika der Länge nach halbieren und Kerne sowie Strunk entfernen
- Öl in einer Pfanne erhitzen und die Paprika braten
- passierte Tomaten erwärmen, gehacktes Basilikum, Salz und Pfeffer dazugeben
- Dinkelreis abseihen und in die Paprikahälften füllen
- Tomatensauce über den Paprikahälften verteilen

40 Min.

Ingwer-Apfel-Reis mit Karotten

280 g Dinkelreis
30 g Ingwer
2 Karotten
1 Apfel
1 TL Öl
Salz

30 Min.

- Dinkelreis in Salzwasser 25 Minuten dünsten
- inzwischen Ingwer und Karotten schälen
- Apfel entkernen
- mit einer groben Reibe Ingwer, Karotten und Apfel reiben
- Öl in einem Topf erhitzen
- geriebenen Ingwer, Karotte und Apfel dazugeben
- 5 Minuten durchrösten
- Dinkelreis abseihen
- alle Zutaten zusammenmischen

Brokkoli-Walnuss-Reis

280 g Wildreis
oder Dinkelreis

300 g Brokkoli

2 EL Walnüsse

Salz

30 Min.

- Reis in Salzwasser 25 Minuten dünsten
- inzwischen Brokkoli klein schneiden und in Salzwasser dünsten
- Reis abseihen und Brokkoli unterrühren
- auf Tellern anrichten und Walnüsse über dem Brokkoli-Reis verteilen

Tipp:

Zum Walnussreis gebe ich auch gerne geröstete Champignons dazu.

Reis mit Faschiertem

280 g Reis
150 g Faschiertes, gemischt
1 roter Paprika
1 gelber Paprika
1/2 Stange Lauch (oder Lauchzwiebel)
2 EL Tomatenmark
Salz

Krauspetersilie
Öl

30 Min.

- Reis dünsten
- inzwischen Öl in einer Pfanne erhitzen
- Faschiertes anrösten, salzen
- Tomatenmark dazugeben und mit etwas Wasser aufgießen
- dünsten
- inzwischen Paprika putzen und in kleine Stücke schneiden
- Lauch in Ringe schneiden
- Paprika und Lauch kurz mitdünsten
- Reis abseihen und die Fleischmischung zum Reis geben
- Reismischung auf Tellern anrichten und mit Krauspetersilie dekorieren

Sommerlicher Gemüsereis

280 g Dinkelreis
1 Paprika
1 Zucchini
100 g Cocktailtomaten
1 Frühlingszwiebel
1 EL Öl
frische gehackte Kräuter
Salz

30 Min.

- Reis in Salzwasser 25 Minuten dünsten
- inzwischen Paprika entstielen, entkernen und in kleine Stücke schneiden
- Zucchini und Cocktailtomaten ebenfalls klein schneiden
- Frühlingszwiebel putzen und in Ringe schneiden
- Öl in einem Topf erhitzen
- Gemüse und Frühlingszwiebel kurz durchrösten
- Reis abseihen und unter das Gemüse mischen
- gehackte Kräuter dazugeben

Tipp:
Dieses Gericht kann man auch kalt genießen, einfach mit Marinade verfeinern.

Nudeln

Wenn einem gar nichts einfällt beim Kochen – Nudeln gehen immer! Diese Feststellung haben wir zumindest jetzt einmal in einer Runde gemacht, als wir darüber diskutierten, welche Gerichte schnell und einfach zuzubereiten sind. Klassiker der schnellen Küche, wie z.B. Saucen mit Tomatenmark und klein geschnittenem Gemüse, Thunfisch- oder Kastaniennudeln, sind im Nu zubereitet und daher aus fast keiner Küche wegzudenken.

Beim Nudelkauf sollte man auf Qualität achten, Vollkornnudeln sind etwas gewöhnungsbedürftig, auch was das Aussehen betrifft, haben aber natürlich einen wesentlich höheren Anteil an Vitalstoffen.

Durch die verschiedensten Saucen und Nudelvarianten schafft man es außerdem, vielfältige Geschmackserlebnisse zu zaubern, die Abwechslung auf den Speiseplan bringen. Süße Nudeln kennen Sie nicht? Probieren Sie es aus, sie schmecken herrlich.

Apfel-Maroni-Spaghetti

400 g Vollkornspaghetti
1 Apfel
100 g gekochte, essfertige Maroni (im Lebensmittelhandel im Obstregal zu finden)
1 EL Öl
Salz
Pfeffer

- Spaghetti bissfest dünsten
- inzwischen Apfel entkernen und in kleine Würfel schneiden
- Maroni klein schneiden
- Öl in einer Pfanne erhitzen
- Apfelwürfel darin durchrösten, 5 Minuten dünsten
- Maronistücke dazugeben und verrühren
- salzen und pfeffern
- Spaghetti abseihen und mit der Apfel-Maroni-Mischung verrühren

20 Min.

Tipp:
Äpfel, Maroni und Nudeln kombiniert schmecken hervorragend, einfach ausprobieren!

Spaghetti mit Pinienkernen und Bohnen

400 g Vollkornspaghetti
500 ml Tomatensauce
1 EL Tomatenmark
400 g rote, gekochte Bohnen
Majoran
Salz

70 g Pinienkerne zum Bestreuen

- Vollkornspaghetti bissfest dünsten
- inzwischen Tomatensauce mit Tomatenmark verrühren
- Majoran dazugeben, salzen
- Bohnen dazurühren und 10 Minuten auf kleiner Flamme kochen
- Spaghetti abseihen und abschrecken
- falls nötig, nochmals erwärmen
- Bohnen mit dem Pürierstab etwas mixen
- Spaghetti auf Tellern anrichten
- Sauce darauf verteilen
- Pinienkerne darüberstreuen

25 Min.

Tipp:
Man kann die Pinienkerne auch kurz in einer Pfanne ohne Fett anrösten, um dem Geschmack noch einen zusätzlichen Kick zu verleihen.

Thunfischspaghetti

400 g Vollkornspaghetti
1/2 Stange Lauch
185 g Thunfisch aus der Dose
1 EL Öl
Salz

- Vollkornspaghetti bissfest dünsten
- inzwischen Lauch putzen und in Ringe schneiden
- Thunfisch gut abseihen
- Öl in einer Pfanne erhitzen
- Lauch 5 Minuten anschwitzen
- Thunfisch dazugeben
- Spaghetti abseihen, abschrecken und unter die Thunfisch-Lauch-Mischung rühren, salzen

20 Min.

Tipp:
Das ideale Gericht, wenn unerwartet Gäste kommen, da man Thunfisch in der Dose gut auf Vorrat zu Hause haben kann.

Wildlachsspaghetti

500 g Vollkornspaghetti
250 g Wildlachs
Olivenöl
frische Petersilie
Salz

20 Min.

- Spaghetti in Salzwasser bissfest dünsten
- inzwischen Wildlachs in kleine Stücke schneiden
- Olivenöl in einer Pfanne erhitzen
- Lachsstücke dazugeben und dünsten, salzen
- Petersilie hacken, ganze Petersilienblätter für die Deko zurückbehalten
- abgeseihte Spaghetti und gehackte Petersilie zu den Lachsstücken geben
- alles gut verrühren
- auf Tellern anrichten und mit Petersilienblättern dekorieren

Tipp:
Dieses Rezept kann man auch mit Räucherlachs zubereiten, salzen ist dann nicht mehr nötig.

Schinkenrahmnudeln

500 g Vollkornnudeln
200 g Schinken
250 g Sauerrahm
gehackte Petersilie
Salz

20 Min.

- Nudeln in Salzwasser bissfest dünsten
- inzwischen Schinken nudelig schneiden
- Sauerrahm unter ständigem Rühren auf kleiner Flamme erwärmen
- Schinken dazurühren, Petersilie dazugeben
- salzen
- Nudeln abseihen und mit der Schinkenrahmsauce anrichten

Tipp:
Schinkenrahmnudeln sind besonders bei Kindern beliebt.

Mangoldnudeln

500 g Vollkornnudeln
200 g Mangold
200 g Schafkäse
Salz

20 Min.

- Vollkornnudeln in Salzwasser bissfest dünsten
- Mangold putzen und die harten Stiele entfernen
- Mangold nudelig schneiden und in wenig Salzwasser kurz dünsten
- Nudeln abseihen
- Mangold unter die Nudeln mischen
- auf Tellern anrichten und Schafkäse darüber bröckeln

Tipp:
Auch mit Blattspinat schmeckt dieses Rezept ausgezeichnet.

Zucchini-Walnuss-Nudeln

500 g Vollkornnudeln
1 Zucchini
100 g Walnüsse
1 EL Walnussöl
Salz

- Vollkornnudeln in Salzwasser bissfest dünsten
- inzwischen Zucchini in Streifen schneiden
- Walnussöl in einer Pfanne erhitzen
- Zucchini kurz rösten, Walnüsse mitrösten
- Vollkornnudeln abseihen, mit Zucchini und Walnüssen vermischen

25 Min.

Tipp:
Die Zucchini nur kurz rösten, dann schmecken sie knackig frisch.

Kräuterrahmnudeln

500 g Vollkornnnudeln
400 g Sauerrahm
Kräuter der Saison
Salz

15 Min.

- Vollkornnudeln in Salzwasser bissfest dünsten
- Kräuter fein hacken
- Sauerrahm in einem Topf vorsichtig erwärmen
- Kräuter einrühren, salzen
- Vollkornnudeln abseihen und mit der Rahmsauce servieren

Tipp:
Im Frühjahr kann man auch junge, fein gehackte Löwenzahnblätter dazumischen.

Nudeln mit Gorgonzola-Rahm-Sauce

500 g bunte Muschelnudeln
250 g Sauerrahm
100 g Gorgonzola
Salz

- Nudeln in Salzwasser bissfest dünsten
- inzwischen in einem Topf Sauerrahm erwärmen
- Gorgonzola in kleine Stücke schneiden und dazugeben
- unter ständigem Rühren erwärmen, evtl. salzen
- Nudeln abseihen und mit der Sauce servieren

20 Min.

Tipp:
Ideal für alle, die es würzig-intensiv lieben.

Nudeln mit Tomaten-Kräuter-Sauce

500 g Nudeln
2 Knoblauchzehen
500 ml Tomatensauce
2 EL Tomatenmark
gehackte Kräuter (Basilikum, Schnittlauch, Thymian)
Öl

geriebener Käse zum Bestreuen

- Nudeln in Salzwasser bissfest kochen
- inzwischen Knoblauchzehen schälen und klein hacken
- Öl in einem Topf erhitzen
- Knoblauch rösten und mit Tomatensauce aufgießen
- Tomatenmark dazurühren und aufkochen
- Kräuter einstreuen
- Spaghetti auf Tellern oder in Schüsseln anrichten
- Tomatensauce darauf verteilen
- mit geriebenem Käse bestreuen

20 Min.

Knödel

Knödel in einem Kochbuch für schnelle Küche? Ja, denn durch das Formen kleiner Knödel sind diese im Nu gekocht. Egal ob Spinatknöderl oder Karottenknöderl, süße Topfenknödel oder deftige Speckknöderl, wenn man, während man die Knödelmasse anrichtet und ziehen lässt, schon das Wasser zum Kochen aufstellt, dauert es wirklich nicht lange, bis man herrliche Knödel auf den Tisch stellen kann. Wenn man es ganz eilig hat, können die kleinen Knödel auch gleich in der Suppe gedünstet werden.

Wenn von den Knödeln etwas übrig bleibt, so kann man diese gut aufwärmen, Speckknöderl kann man rösten und Spinatknöderl mit Ei anrichten. Zum Aufbewahren gleich in eine gut verschließbare Plastikdose geben, damit sie an der Oberfläche nicht austrocknen.

Knödelteig aus Knödelbrot sollte sehr gut durchgeknetet werden, dann benötigt man kein Mehl. Ich nehme warmes Wasser, dann lässt sich das Knödelbrot besser verarbeiten. Von den Kräutern passt z.B. Petersilie sehr gut zu pikanten Knödeln, aber auch Thymian oder Basilikum.

Kleine Knödel haben aber noch andere Vorteile: Sie sind wesentlich schneller aufgewärmt als sehr große und schauen am Teller sehr appetitlich aus. Auch das Formen kleiner Knödel ist einfach und geht rasch von der Hand.

Die Knödel können in verschiedenen Suppen serviert werden, je nach persönlichem Geschmack. Für die schnelle Küche eignen sich z.B. Suppen, die mit hochwertigen Suppenwürfeln hergestellt wurden, oder eingefrorene Rindsuppe.

Knödel eignen sich auch hervorragend als Hauptspeise, man serviert sie dann z.B. mit Sauerrahmsauce, Bratensauce, grünem Salat oder Sauerkraut. Mein Tipp: Probieren Sie gleich einmal die Karottenknöderl aus, Sie werden erstaunt sein, wie herrlich diese Knödel in Rindsuppe oder zu Rinderbraten schmecken.

Kaspressknödel

200 g Knödelbrot
warmes Wasser
100 g Gouda oder Tilsiter
1/2 Zwiebel
Salz
Petersilie
Schnittlauch (wenn man die Kaspressknödel in Suppe einlegt)
Öl
1 l Suppe oder Sauerkraut

30 Min.

- Knödelbrot salzen und mit so viel warmem Wasser gut verkneten, dass ein kompakter Teig entsteht (Wasser langsam dazugeben, weil das Knödelbrot Zeit braucht, um das Wasser aufzusaugen)
- Käse in kleine Würfel schneiden
- Zwiebel schälen und fein hacken
- Petersilie und Schnittlauch hacken
- Käse, Zwiebel und Petersilie unter die Knödelmasse kneten
- Öl in einer Pfanne erhitzen
- inzwischen aus der Knödelmasse kleine Laibchen formen
- Laibchen ins heiße Öl einlegen und beidseitig knusprig braun braten
- Kaspressknödel entweder mit Suppe (Schnittlauch darüberstreuen) oder Sauerkraut servieren

Tipp:
Kaspressknödel lassen sich gut einfrieren.

Semmelknödel

400 g Knödelbrot
Salz
gehackte Petersilie
evtl. 1 Ei
warmes Wasser

25 Min.

- Salzwasser zum Kochen bringen
- Knödelbrot salzen, gehackte Petersilie einstreuen
- mit so viel warmem Wasser und Ei verkneten, dass ein kompakter Teig entsteht
- kleine Knöderl formen
- in Salzwasser einlegen
- ca. 5 Minuten ziehen lassen

Tipp:
Dieses Rezept ist eine besonders schnelle Variante des Knödelklassikers, die sehr gut mit Tomatensauce schmeckt, siehe S. 136.

Basilikumknödel

400 g Knödelbrot
frische Basilikumblätter
warmes Wasser
Salz
280 ml Tomatensauce

25 Min.

- Salzwasser zum Kochen bringen
- inzwischen Basilikumblätter hacken
- Knödelbrot salzen und mit so viel warmem Wasser verkneten, dass ein kompakter Teig entsteht
- gehacktes Basilikum zur Knödelmasse geben
- kleine Knöderl formen
- Knöderl ins Wasser einlegen und 5 Minuten ziehen lassen
- inzwischen die Tomatensauce erwärmen
- Knödel abseihen und mit Tomatensauce servieren

Tipp:
Man kann anstelle von Basilikum auch andere frische Kräuter nehmen.

Speckknöderl

400 g Knödelbrot
50 g Speck
1/2 Zwiebel
gehackte Petersilie
1 l Suppe
Öl

30 Min.

- Speck in kleine Würfel schneiden
- Zwiebel schälen und hacken
- Öl in einem Topf erhitzen
- Speck und Zwiebel kräftig anrösten
- herausnehmen und zum Knödelbrot geben
- Bratenrückstand mit Suppe aufgießen
- Knödelmasse salzen, gehackte Petersilie und so viel warmes Wasser kräftig einkneten, dass ein kompakter Teig entsteht
- Teig zu einer Rolle formen und Stücke abstechen
- kleine Knöderl formen, in die Suppe einlegen und 5 Minuten ziehen lassen

Tipp:
Wenn Speckknöderl übrig bleiben, diese blättrig schneiden und mit gehackter Zwiebel und Ei anrösten.

Serviettenknödel

400 g Knödelbrot
Salz
2 Eier
warmes Wasser

25 Min.

- Salzwasser zum Kochen bringen
- inzwischen Knödelbrot salzen, mit Eiern und warmem Wasser verkneten
- Teig auf ein befeuchtetes Küchentuch legen und zu einer Rolle von 5 cm Durchmesser formen
- Teig ins Küchentuch wickeln und gut verschnüren
- Serviettenknödel ins kochende Salzwasser einlegen
- 12 Minuten dünsten
- Serviettenknödel aus dem Tuch wickeln
- Knödel in Scheiben schneiden

Tipp:
Serviettenknödel kann man auch mit einer beliebigen Sauce, die man auf Vorrat zu Hause hat, servieren.

Spinatknöderl

400 g Knödelbrot
200 g Blattspinat
Salz
warmes Wasser
1 l Suppe

- Suppe zum Kochen bringen
- inzwischen Spinat dünsten und klein schneiden
- Spinat zum Knödelbrot dazugeben, salzen
- warmes Wasser dazugeben und gut verkneten
- Teig zu einer Rolle formen und Stücke abstechen
- kleine Knöderl formen und 5 Minuten in der Suppe ziehen lassen

30 Min.

Tipp:
Spinatknödel mit frischem Blattsalat servieren. Wenn es sehr schnell gehen soll, kann man auch Tiefkühlspinat verwenden (dünsten und etwas auskühlen lassen).

Karottenknöderl

350 g Knödelbrot
2 Karotten
Salz
warmes Wasser
1 l Suppe

25 Min.

- Karotten schälen und fein hobeln
- Suppe zum Kochen bringen
- inzwischen Knödelbrot mit Karotten vermischen, salzen
- mit so viel warmem Wasser verkneten, dass ein kompakter Teig entsteht
- Teig zu einer Rolle formen und Stücke abstechen
- kleine Knöderl formen und 5 Minuten in der Suppe ziehen lassen

Tipp:
Karottenknöderl kann man auch als Einlage für eine Cremesuppe wie Knoblauchsuppe verwenden.

Zucchiniknöderl

350 g Knödelbrot
1 Zucchini
Salz
warmes Wasser
1 l Suppe

25 Min.

- Zucchini schälen und fein raspeln
- Zucchini unter das Knödelbrot mischen, salzen
- mit so viel warmem Wasser verkneten, dass ein kompakter Teig entsteht
- Suppe aufkochen
- inzwischen Teig zu einer Rolle formen und Stücke abstechen
- kleine Knöderl formen und 5 Minuten in der Suppe ziehen lassen

Gefüllte Knödel

250 g Topfen
100 g griffiges Mehl
1 Ei
Salz

Zum Füllen der Knödel wahlweise:

Marillen
Zwetschken
Erdbeeren
Mozartkugeln

Butter
Zucker
Brösel

25 Min.

- Topfen mit Mehl und Ei verkneten, salzen
- Teig zu einer Rolle formen und Stücke abstechen
- Wasser in einem Topf zum Kochen bringen
- inzwischen Teigstücke auseinanderdrücken
- mit Obst oder Mozartkugeln belegen und zu Knödeln formen
- Knödel ins Wasser einlegen und ca. 7–12 Minuten ziehen lassen
- inzwischen Butter in einer Pfanne erhitzen
- Zucker und Brösel darin rösten
- Knödel aus dem Kochwasser nehmen und in der Zucker-Brösel-Mischung wenden

Tipp:
Die Ziehzeit der Knödel variiert je nach Füllung, Erdbeerknödel und Mozartknödel sind schneller gar, Zwetschken- oder Marillenknödel brauchen etwas länger. Ebenso hängt die Menge der Früchte von der Art der Frucht ab, man braucht z.B. wesentlich weniger Marillen als Erdbeeren.

Topfen-Grießknöderl

250 g Topfen
1 Ei
Salz
50 g Grieß
30 g Semmelbrösel

Butter
Brösel
Zucker

25 Min.

- Topfen und Ei verrühren, salzen
- Grieß und Semmelbrösel dazurühren (bei Verwendung eines größeren Eis die Menge der Semmelbrösel erhöhen)
- Wasser zum Kochen bringen
- kleine Knöderl formen und ins Wasser einlegen
- 1/8 l kaltes Wasser ins Kochwasser geben
- Temperatur zurückschalten
- Knöderl 10 Minuten ziehen lassen
- inzwischen Butter in einer Pfanne erhitzen
- Brösel und Zucker darin rösten
- Knöderl aus dem Wasser nehmen und in der Zucker-Brösel-Mischung wenden

Tipp:

Evtl. mit Marmelade oder Zwetschkenröster servieren.

Will man besonders flaumige Knöderl, lässt man die Grundmasse 1/2 Stunde quellen.

Fleisch und Fisch

Viele Fleisch- und Fischsorten eignen sich gut für das Zubereiten schneller Gerichte. Ein Stück Fleisch oder Fisch in Kombination mit gedünstetem Gemüse oder Salat ergibt eine schnelle, schmackhafte Mahlzeit. Bei Fleisch und Fisch gilt es ganz besonders, auf hohe Qualität zu achten, dann hat man auch die Sicherheit, dass die Tiere artgerecht gehalten und gefüttert wurden.

Putenfleisch hat sich eindeutig durchgesetzt, wenn es darum geht, innerhalb kurzer Zeit eine Fleischspeise auf den Tisch zu bringen. Rindfleisch eignet sich nur eingeschränkt zum Kurzbraten, aber es geht nichts über ein saftiges Steak und mit Hilfe eines Schnellkochtopfs verkürzen sich die Kochzeiten bei Rindfleisch enorm. Hühnerfleisch ist auch sehr praktisch zum Kurzbraten, man muss dabei nur aufpassen, dass das Fleisch nicht austrocknet, d.h. man muss die Temperatur beim Braten reduzieren und einen Deckel auf die Pfanne geben.

Bei Fisch ist es am einfachsten, ein vorbereitetes Filet zu kaufen, das schon fachmännisch von Gräten befreit ist. Damit spart man sich Zeit und Mühe.

Schnelles Putengulasch

300 g Putenfleisch
1 Zwiebel
3 Karotten
1 EL Paprikapulver
Majoran
1 Lorbeerblatt
Salz
1 EL Mehl zum Binden
Öl

- Zwiebel schälen und fein hacken
- Karotten schälen und mit dem Gurkenhobel hobeln
- Putenfleisch klein schneiden
- Öl in einer Pfanne erhitzen
- Zwiebel, Karotten und Putenfleisch darin gut anbraten
- Paprikapulver einstreuen und kurz mitrösten
- mit Wasser aufgießen, Gewürze dazugeben, salzen
- 15 Minuten dünsten
- Mehl mit etwas Wasser verrühren
- ins Gulasch einrühren und kurz aufkochen

30 Min.

Tipp:
Entweder mit Brot servieren oder mit übrig gebliebenem gedünsteten Reis vermischen.

Putenfilet mit Röstgemüse

4 Putenfilets
1 roter Paprika
1 gelber Paprika
1 Zwiebel
Öl
Petersilienblätter
Salz
Pfeffer

- Zwiebel schälen und in Ringe hobeln
- Paprika putzen und schneiden
- Öl in einer Pfanne erhitzen
- Putenfilets salzen und pfeffern, anbraten
- Zwiebelringe und Paprika ebenfalls mitbraten
- Petersilienblätter hacken
- Putenfilets auf Tellern anrichten
- Gemüse, Zwiebelringe und Petersilienblätter darauf verteilen

25 Min.

Faschiertes auf Zucchini

4 Zucchini
300 g Faschiertes
Majoran
Thymian
Salz
Pfeffer
geriebener Käse

- Zucchini längs durchschneiden und etwas aushöhlen
- Faschiertes mit Gewürzen vermischen, salzen und pfeffern
- Faschiertes in die ausgehöhlten Zucchini füllen
- bei 200 °C im Backrohr 25 Minuten backen
- am Ende der Backzeit mit geriebenem Käse bestreuen
- Zucchini vor dem Anrichten in Stücke schneiden
- evtl. mit Tomatensauce (siehe unten) servieren

35 Min.

Grundrezept Tomatensauce

für 4 Portionen

1 kg Tomaten
2 Knoblauchzehen, gehackt
Oregano, gehackt
Salz
Pfeffer
Öl

- Tomaten klein schneiden
- Öl in einem Topf erhitzen
- Knoblauchzehen rösten
- Tomatenstücke dazugeben, salzen und pfeffern
- gehackten Oregano dazugeben
- mit 1/16 l Wasser aufgießen
- bei kleiner Flamme 2 Stunden lang köcheln lassen, ab und zu umrühren
- Tomatensauce gut durch ein Sieb drücken

Schweinesteak

4 Schweinesteaks
Salz
grob gehackter Pfeffer
etwas Paprikapulver
Öl

- Schweinesteaks salzen, mit Pfeffer und Paprikapulver bestreuen
- Öl in einer Pfanne erhitzen
- Schweinsteaks beidseitig braten

15 Min.

Tipp:

Schweinesteak ist ein ideales Fleisch zum Kurzbraten.

Schweinesteak-Varianten:

Überbackenes Kräuter-Schweinesteak: Steak beidseitig braten, gehackte Kräuter mit 2 EL Semmelbrösel und 1 EL Butter verkneten. Diese Mischung auf die Steaks streichen und einige Minuten bei 220 °C überbacken.

Gebackenes Schweinesteak (Mehl, Ei und Brösel zum Panieren verwenden).

Schweinesteak auf Toast mit Spiegelei servieren.

Faschierte Laibchen

500 g gemischtes Faschiertes
1 altbackene Semmel
1/2 Zwiebel
Majoran
Kümmel
Salz
Pfeffer
etwas Mehl
Öl

25 Min.

- Semmel in Wasser einweichen und gut ausdrücken
- Zwiebel schälen und fein hacken
- mit dem Faschierten, gehackter Zwiebel und den Gewürzen vermischen, salzen und pfeffern
- inzwischen Öl in einer Pfanne erhitzen
- aus der Fleischmasse kleine, flache Laibchen formen
- Laibchen in Mehl wenden
- Laibchen in das heiße Fett einlegen und beidseitig knusprig braten

Tipp:
Bereitet man eine größere Menge zu, kann man die Laibchen auch kalt genießen.

Putenstreifen auf Pflücksalat

2 Putenfilets
Pflücksalat
Salz
Salatkräuter
Balsamico
Öl

- Putenfilets in Stücke schneiden
- Öl in einer Pfanne erhitzen
- Fleischstücke darin beidseitig anbraten
- inzwischen Salat putzen und waschen
- mit Balsamico, Salatkräutern und Öl marinieren, salzen
- auf Tellern verteilen
- Putenstücke darübergeben

20 Min.

Tipp:
Salate der Saison bringen Abwechslung auf den Speiseplan.

Burger

4 Schweinskoteletts ohne Knochen
Grillgewürz
1 Baguette oder 4 Semmeln
Salat der Saison
Mayonnaise
Ketchup
Öl

20 Min.

- Öl in einer Pfanne erhitzen
- Schweinskoteletts mit Grillgewürz einreiben
- Schweinskoteletts beidseitig goldbraun braten
- Baguette oder Semmeln auseinanderschneiden
- Salat putzen und waschen
- Salatblätter auf den Baguette- oder Semmelhälften verteilen
- Mayonnaise mit Ketchup verrühren
- Schweinskoteletts auf die Salatblätter legen
- Mayonnaise-Ketchup-Dressing darauf verteilen
- mit der zweiten Hälfte des Baguettes oder der Semmeln abschließen

Tipp:
Burger sind ideal zum Mitnehmen.

Süßer Putentoast

4 Putenfilets
Salz
Pfeffer
2 Birnen
4 Scheiben Vollkorntoastbrot
Öl

- Öl in einer Pfanne erhitzen
- Putenfilets salzen und pfeffern
- Putenfilets beidseitig braten
- inzwischen Birnen der Länge nach in Scheiben schneiden
- kurz mitbraten
- währenddessen das Brot toasten
- Putenfilets auf Toastbrot anrichten
- Birnen dachziegelartig darüberlegen

20 Min.

Tipp:
Anstelle von Birnenscheiben passen auch Ananasstücke gut dazu.

Gebackene Nieren mit Apfel

600 g Nieren vom Schwein
1 Zwiebel
1 Apfel
Salz
Pfeffer

25 Min.

- Nieren in Scheiben schneiden
- Zwiebel schälen und mit dem Gurkenhobel hobeln
- Apfel entkernen und schneiden
- Öl in einer Pfanne erhitzen
- Nieren, Zwiebel und Apfel gut anbraten (dafür eine Pfanne verwenden, die einzelnen Zutaten aber nicht vermischen)
- Apfel und Zwiebel herausnehmen
- Nieren salzen und pfeffern, gardünsten
- Nieren mit Apfelscheiben und Zwiebeln auf Tellern anrichten

Tipp:
Am besten schmeckt hier ein sehr reifer, süßer Apfel. Dazu passen Zuckererbsen sehr gut.

Geröstete Radieschen auf Fischfilets

4 Fischfilets
etwas Zitronensaft
Salz
1 Bund Radieschen
Öl
Petersilie, Oregano oder Majoran

- Fischfilets mit Zitronensaft beträufeln und salzen
- Fischfilets dünsten
- inzwischen die Radieschen hobeln
- Öl in einer Pfanne erhitzen
- Radieschen in sehr heißem Öl kurz anbraten, salzen
- Fischfilets auf Tellern anrichten
- Radieschen über dem Fisch verteilen, mit Kräutern anrichten

25 Min.

Tipp:
Radieschen verlieren beim Braten die Schärfe, sind aber sehr knackig und harmonieren hervorragend mit dem Geschmack von Kräutern und Fisch.

Süßspeisen

Süßspeisen wie Kaiserschmarrn oder Milchreis sind rasch zubereitet und haben noch dazu den Vorteil, dass man sie in unterschiedlichen Varianten kochen kann. Zu vielen Süßspeisen passt Kompott aus Äpfeln oder Birnen oder frisches Apfelmus, das sehr einfach in der Herstellung ist, siehe S. 154 und S. 158.

Ich bereite auch sehr gerne Palatschinken in größeren Mengen zu, die man am nächsten Tag zu Frittaten weiterverarbeiten kann.

Auch ein einfacher Grießbrei kann eine wohlschmeckende Hauptspeise sein, ich mag Weichweizengrieß sehr gerne, der besonders rasch zubereitet ist. Als Abendmahlzeit hat er eine wohltuende und entspannende Wirkung auf den Körper.

Auch Ernährungsbewusste dürfen sich ruhig ab und zu etwas Süßes gönnen: Süßspeisen mit frischen Früchten in Kombination mit Joghurt oder Topfen haben einen hohen gesundheitlichen Wert.

Apfelspalten mit Haselnussmus

4 Äpfel
Zimt
Nelken
1/2 l Milch
1 Pkg. Vanillepuddingpulver
1 EL Zucker
100 g Haselnüsse
1 EL Marmelade

25 Min.

- Äpfel entkernen und in Spalten schneiden
- Apfelspalten dünsten, dem Wasser Zimt und Nelken zugeben
- gleichzeitig Milch erhitzen (2 EL zurückbehalten)
- Puddingpulver mit Zucker und der zurückbehaltenen Milch verrühren
- in die kochende Milch einrühren
- 4 EL des Puddings mit den Haselnüssen und der Marmelade verrühren
- Äpfelspalten mit Haselnussmus und dem Rest des Puddings auf Tellern anrichten

Tipp:
Anstelle der Apfelspalten kann man auch Apfelkompott (siehe S. 154) verwenden.

Grießbrei

1 l Milch
125 g Weichweizengrieß
Zucker nach Belieben
Salz
Himbeersirup
Melissenblätter zum Dekorieren

- Milch zum Kochen bringen
- Weichweizengrieß einrühren, Zucker dazugeben und salzen
- einige Minuten quellen lassen
- auf Tellern anrichten und Himbeersirup einrühren
- mit Melissenblättern dekorieren

15 Min.

Kaiserschmarrn mit Preiselbeermarmelade

140 g Mehl
1/4 l Milch
5 Eier
Salz
Preiselbeermarmelade

Fett zum Herausbacken
Melissenblätter zum Dekorieren

- Mehl mit Milch verrühren
- Eier dazurühren, salzen
- Fett in zwei Pfannen erhitzen
- jeweils die Hälfte des Teiges einfüllen
- beidseitig goldbraun backen
- Teig mit zwei Gabeln auseinanderreißen
- auf Tellern anrichten, Preiselbeermarmelade dazugeben, mit je einem Melissenblatt dekorieren

20 Min.

Tipp:

Durch die Verwendung von 2 Pfannen verkürzt man die Zubereitungszeit, wenn man mehrere Portionen Kaiserschmarrn zubereiten will.

Wenn ich einen besonders flaumigen Kaiserschmarrn zubereiten will, trenne ich die Eier und schlage das Eiklar zu steifem Schnee.

Arme Ritter

6 Scheiben Toastbrot	◆ Toastbrot diagonal einschneiden
2 Eier	◆ Eier verquirlen
Öl	◆ Öl in einer Pfanne erhitzen
	◆ Toastbrote durch die Eier ziehen
Apfelkompott	◆ beidseitig goldbraun backen
	◆ anrichten und mit Apfelkompott servieren

15 Min.

Grundrezept Apfelkompott

3–4 Äpfel (je nach Größe)	◆ Äpfel schälen, entkernen und in Stücke schneiden
800 ml Wasser	◆ Gewürznelken, Zimt und Zucker ins Wasser geben
Gewürznelken	◆ 15 Minuten dünsten
Zimt und Zucker nach Belieben	

Milchreis mit Smarties

1 l Milch
250 g Reis
Zucker nach Belieben
1 Pkg. Vanillezucker
Zimt
100 g Smarties

- Milch in einen Topf geben
- Reis, Zucker, Vanillezucker und Zimt dazugeben
- aufkochen lassen und anschließend bei kleiner Hitze unter häufigem Umrühren dünsten
- Milchreis portionieren und Smarties dazugeben

35 Min.

Tipp:
Milchreis lässt sich gut auf Vorrat zubereiten und kann auch kalt genossen werden, einfach in kleine, gut verschließbare Behälter abfüllen. Er eignet sich daher auch zum Mitnehmen und ist besonders bei Kindern beliebt.

Brombeeren auf Strudelteig

200 g Strudelteig
250 g Brombeeren
200 g Sauerrahm
Zucker nach Belieben
Staubzucker

25 Min.

- Strudelteig auslegen und mit einem Trinkglas Kreise ausstechen
- Teigstücke auf ein mit Backpapier ausgelegtes Backblech legen
- im vorgeheizten Backrohr bei 200 °C einige Minuten backen
- einige Brombeeren für die Dekoration zurückbehalten, die restlichen Brombeeren in Stücke schneiden
- geschnittene Brombeeren mit Sauerrahm und Zucker verrühren
- Strudelteigstücke mit der Sauerrahm-Mischung bestreichen und abwechselnd turmartig anrichten
- mit Brombeeren dekorieren und mit Staubzucker bestreuen

Tipp:
Je nach Jahreszeit kann man auch Erdbeeren, Schwarzbeeren oder Himbeeren verwenden. Ich verwende dafür gerne Vollkorn-Strudelteig.

Süße Nudeln mit Apfelmus

400 g Nudeln	◆ Nudeln bissfest kochen
100 g Brösel	◆ inzwischen Butter in einer Pfanne erhitzen
50 g Zucker	◆ Brösel und Zucker darin anrösten
Butter	◆ Nudeln abseihen und zur Bröselmischung geben
500 g Apfelmus	◆ Bröselnudeln mit Apfelmus anrichten
Melissenblätter	◆ mit Melissenblättern anrichten

15 Min.

Grundrezept Apfelmus

1 kg Äpfel	◆ Äpfel schälen, entkernen und in kleine Stücke schneiden
100 ml Wasser	
Zimt	◆ mit dem Wasser, Zimt, Zucker und Vanillearoma ca. 15 Minuten dünsten
Vanillearoma	
Zucker nach Belieben	◆ mit dem Pürierstab pürieren

Eispalatschinken

4 Palatschinken (siehe S. 61)
125 ml Schlagobers
8 Kugeln Vanilleeis
1/16 l Schokosauce

- Palatschinken wie angegeben zubereiten
- inzwischen Schlagobers aufschlagen
- jeweils 2 Kugeln Vanilleeis auf die Palatschinken geben und Palatschinken einrollen
- mit Schlagobers servieren und mit Schokosauce dekorieren

25 Min.

Himbeertaler

250 ml Milch
3 Eier
Salz
glattes Mehl
200 g Himbeeren
Öl

einige Himbeeren und Schlagobers zum Dekorieren

evtl. Staubzucker

- Milch mit Eiern verquirlen, salzen
- mit so viel Mehl verrühren, dass ein dickflüssiger Teig entsteht
- Himbeeren dazugeben
- Öl in einer Pfanne erhitzen
- den Schöpfer ca. zu einem Viertel mit Teig füllen und Teig ins heiße Öl gießen, sodass Taler von ca. 10 cm Durchmesser und ca. 1 cm Höhe entstehen
- beidseitig backen
- Himbeertaler auf Tellern anrichten, mit Himbeeren und geschlagenem Obers dekorieren
- evtl. mit Staubzucker bestreuen

20 Min.

Feiertagsgerichte

Wir sollten die Feiertage genießen und für die Familie Zeit haben, wollen aber auch etwas Besonderes zum Essen anbieten. Deswegen habe ich diesem Thema ein eigenes Kapitel gewidmet.

Viele Feiertagsgerichte lassen sich gut am Vortag vorbereiten, wie z.B. alle Fleischgerichte mit Sauce. Kartoffeln kann man am Vortag kochen, ebenso kann der Reis am Vortag gedünstet werden.
Ich bin der Meinung, dass auch gekaufte, frisch zubereitete Produkte, z.B. aus einem Bauernladen (wie Knödel oder Spätzle), oder von einem heimischen Metzger vorbereitete Gerichte durchaus ihren Platz finden dürfen.

Schnell gebratene Fleischgerichte, wie ein saftiges Steak oder zartes Putenfleisch, werden mit frischem Gemüse der Saison zu einem wahren Festschmaus.

Viele süße Nachspeisen, wie Mousse oder Topfennockerl, bereitet man ebenfalls am Vortag zu, sodass man die Speisen am Feiertag nur mehr anzurichten braucht.

Manchmal hat das Vorkochen auch einen weiteren Vorteil: Cremesuppen bekommen sogar einen besseren Geschmack, wenn man sie einen Tag ziehen lässt.

Schweinefilets im Kräutermantel

1 Schweinslungenbraten
gehackte Kräuter
2 EL Mandelplättchen
Salz
Pfeffer
Öl

40 Min.

- Lungenbraten salzen und pfeffern
- mit gehackten Kräutern einreiben
- in Mandelplättchen wälzen
- Öl in einer Pfanne erhitzen
- Schweinslungenbraten einlegen und kurz rundherum anbraten
- Hitze zurücknehmen und immer wieder wenden, damit die Kräuter und die Mandelplättchen nicht zu dunkel werden

Tipp:
Am besten frische Kräuter der Saison verwenden.

Lachsspieße

480 g Lachs
4 Garnelen
4 Zucchinischeiben
Salz
Pfeffer
Petersilie, gehackt
Öl

- Lachs würfelig schneiden
- Zucchinischeiben halbieren
- abwechselnd den Lachs, die Zucchinischeiben und je eine Garnele auf einen Spieß stecken
- salzen und pfeffern, in heißem Öl beidseitig braten
- auf Tellern anrichten
- Lachsspieße mit gehackter Petersilie bestreuen und servieren

25 Min.

Tipp:
Dazu empfehle ich Zitronenbutter: 1 Zitrone halbieren und ausdrücken, den Saft in einem Topf erwärmen, 100 g Butter in Stücke schneiden und im Mixer mit dem Zitronensaft verrühren, zu einer Rolle formen und in gerebeltem, frischen Zitronenthymian wälzen.

Huhn mit Sesamkruste

600 g Hühnerbrüste
100 g Sesam
Öl
Salz
Curry

Als Beilage:
gedünstetes Gemüse der Saison (z.B. Karfiol im Sommer/Herbst)

20 Min.

- Hühnerbrüste klein schneiden und salzen
- Öl in einer Pfanne erhitzen
- Hühnerstücke beidseitig einige Minuten braten
- aus der Pfanne nehmen, mit Curry würzen und in Sesam wälzen
- nochmals kurz rösten
- Hühnerbrüste mit gedünstetem Gemüse und auf Tellern anrichten

Tipp:
Wichtig ist, das Fleisch erst am Ende der Bratzeit in Sesam zu wälzen, damit der Sesam nicht verbrennt.

Ich dekoriere das Gericht mit Curryzweigen.

Putenröllchen

4 dünne Putenfilets
4 Scheiben Schinken
4 EL Frischkäse
Salz
Pfeffer
Öl

Zahnstocher

30 Min.

- Putenfilets salzen und pfeffern
- mit Schinkenscheiben belegen und mit Frischkäse bestreichen
- Filets einrollen und mit Zahnstochern fixieren
- Öl in einer Pfanne erhitzen
- Putenfilets rundherum anbraten

Tipp:
Wenn mehr Zeit ist, paniere ich die Putenröllchen und backe sie in heißem Fett.

Gemüsepäckchen

300 g Gemüse der Saison
200 g Blätterteig
gehackte Kräuter
Salz

40 Min.

- Gemüse putzen und kleinwürfelig schneiden
- Blätterteig ausrollen und in Rechtecke radeln
- Teigstücke an den Enden im Abstand von 2 cm ca. 1 cm tief einschneiden
- Teigstücke mit Gemüse belegen und Kräuter dazugeben, salzen
- Teigenden abwechselnd übereinanderklappen
- Backblech mit Backpapier belegen und die Gemüsepäckchen darauflegen
- im vorgeheizten Backrohr bei 200 °C 25 Minuten backen

Tipp:
Gemüsepäckchen kann man auch mit selbst gemachtem Plunderteig zubereiten.

Hermanns Zwiebelrostbraten

4 Rostbraten
3 Zwiebeln
Salz
Pfeffer
Estragonsenf
Öl

im Schnellkochtopf 1/2 Stunde
in der Pfanne: am Vortag 2 Stunden, am Festtag 15 Minuten

- Rostbraten salzen und pfeffern, in Öl einlegen
- inzwischen Zwiebeln schälen und in Ringe schneiden
- Rostbraten beidseitig mit Estragonsenf einreiben
- Öl in einer Pfanne erhitzen
- Rostbraten von beiden Seiten gut anbraten
- Zwiebel dazugeben und gut durchrösten
- den Bratenrückstand immer wieder vom Pfannenboden kratzen, damit er nicht anbrennt
- mit Wasser aufgießen und weichdünsten

Tipp:

Zwiebelrostbraten ist mit dem Schnellkochtopf im Nu fertig, wer keinen Schnellkochtopf zur Verfügung hat, kann den Zwiebelrostbraten einfach am Vortag zubereiten und hat dann, wenn die Gäste kommen, keine Arbeit mehr. Für den Geschmack ist es sogar von Vorteil, den Rostbraten am Vortag zuzubereiten, weil die Gewürze gut durchziehen können.

Das Rezept stammt von meinem Mann und ich finde sein Rostbraten schmeckt einfach am besten.

Wenn man den Rostbraten auf diese Weise zubereitet, entsteht durch die hohe Zwiebelmenge auch sehr viel Bratensaft.

Zander auf Spinat

4 Zanderfilets
400 g Blattspinat
2 Knoblauchzehen
1 EL Pinienkerne
Salz
Pfeffer
Zitronensaft
Öl
Butterschmalz
Zitronenscheiben
Petersilienblätter

30 Min.

- Knoblauchzehen schälen und klein hacken
- Öl in einem Topf erhitzen
- Knoblauch darin rösten
- Blattspinat dazugeben und etwas aufgießen, bei kleiner Flamme dünsten
- inzwischen Butterschmalz in einer Pfanne erhitzen
- Zanderfilets salzen und pfeffern, mit Zitronensaft beträufeln
- Zanderfilets beidseitig goldbraun braten
- Pinienkerne zum Blattspinat geben
- Blattspinat auf Tellern anrichten
- Zanderfilets darauflegen
- mit Zitronenscheiben und Petersilienblättern dekorieren

Lammkoteletts

4 Lammkoteletts
Salz
Pfeffer
Öl
Rosmarinzweige

- Lammkoteletts salzen und pfeffern
- Öl in einer Pfanne erhitzen
- Lammkoteletts beidseitig goldbraun braten (in sehr heißem Öl)
- die Lammkoteletts sollten innen noch rosig sein
- Lammkoteletts anrichten und mit Rosmarinzweigen dekorieren

25 Min.

Tipp:

Man kann die Lammkoteletts auch vor dem Braten 2 Stunden in eine Marinade aus gehacktem Rosmarin, gehacktem Knoblauch und Salz einlegen, sie bekommen dann einen besonders würzigen Geschmack. Das ist auch schon am Vortag möglich.

Die Zubereitung von Lammkoteletts erfordert etwas Fingerspitzengefühl, beim Kauf darauf achten, dass die Lammkoteletts sehr saftig sind, da sie ansonsten beim Braten zu trocken werden. Am besten frisch oder vakuumverpackt kaufen.

Ich empfehle frisches Lammfleisch direkt vom Bauernhof.

Grillteller

4 Rinderfilets
100 g Schweinslungenbraten (in 8 Stücke geschnitten)
evtl. 4 Putenfilets
4 Frankfurter
Grillgewürz
Öl

- Öl in einer Pfanne erhitzen
- Fleischstücke mit Grillgewürz bestreuen und beidseitig braten
- inzwischen Frankfurter Würstl in Stücke schneiden und kreuz und quer einschneiden
- Frankfurter Würstl in sehr heißem Fett backen
- alle Zutaten auf Tellern anrichten

25 Min.

Tipp:
Anstelle von Frankfurtern nehme ich gerne Kohlsprossen oder Paprikastücke.

Fenchel mit Weintrauben

5 Fenchelknollen
500 g Weintrauben
Salz
Öl
gehackte Kräuter

25 Min.

- 1 Fenchelknolle klein schneiden und in Salzwasser dünsten
- inzwischen die übrigen Fenchelknollen putzen und der Länge nach durchschneiden
- Öl in einer Pfanne erhitzen
- Fenchel darin braten, salzen
- Fenchelstücke abseihen und mixen
- klein geschnittenen, gedünsteten Fenchel mixen, Kräuter dazugeben
- Fenchel auf Tellern anrichten, gemixten Fenchel darauf verteilen
- Weintrauben darüberlegen

Tipp:

Durch die Kombination mit Weintrauben schmeckt der Fenchel milder.

Eine interessante Feiertagsspeise für Menschen, die sich fleischlos ernähren.

Wenn Gäste kommen

Gerade wenn Gäste kommen, hat man oft das Bedürfnis, etwas Besonderes anbieten zu wollen, und meist verbinden wir damit einen höheren Aufwand an Vorbereitung. Das muss nicht sein, denn mit etwas Fantasie und Kreativität lassen sich schnelle Gerichte auch sehr liebevoll zubereiten. Sie geben uns die Möglichkeit, Gäste zu verwöhnen, auch wenn wir z.B. beruflich sehr eingespannt sind.

Egal ob man in einem Bauernladen hochwertigen Speck oder Schinken kauft, selbstgebackenes Brot anbietet oder biologisch angebautes Gemüse kredenzt, man hat es schon alleine durch die Qualität der Nahrungsmittel in der Hand, etwas Ausgezeichnetes anzubieten. Man kann auch ruhig schon vorher einen Hinweis darauf geben, was man plant zu kochen. Denn so kann man sich unnötige Arbeit ersparen, wenn z.B. jemand abends nicht mehr viel essen will.

Meine Erfahrung ist, dass besonders Nahrungsmittel der Saison wie der erste frische Spargel oder die ersten Erdbeeren, frischer Bärlauchaufstrich oder eine wärmende Herbstsuppe gut ankommen. Mit jahreszeitlich abgestimmter Deko, passendem Geschirr und guter Laune ist man auch mit schnellen Gerichten ein guter Gastgeber.

Spargel im Schinkenmantel

500 g Spargel
4 Scheiben Schinken
Öl
Salz

Petersilienblätter
zum Dekorieren

- Spargel schälen und in Salzwasser dünsten
- Spargel abseihen und in vier Portionen teilen
- jeweils eine Portion mit einer Schinkenscheibe umwickeln
- Öl in einer Pfanne erhitzen
- Spargel darin anbraten
- auf Tellern anrichten und mit Petersilienblättern dekorieren

20 Min.

Tipp:
Spargel ist eines der ersten Frühjahrsgemüse. Da er entschlackend und entgiftend wirkt, sollte man ihn öfter auf den Speiseplan setzen.

Erdbeer-Mozzarella-Spieße

500 g Erdbeeren
225 g Mozzarella

15 Min.

- Erdbeeren waschen
- Mozzarella in Scheiben schneiden
- Erdbeeren und Mozzarella abwechselnd auf Spieße aufstecken

Tipp:
Ich nehme auch gerne Cocktailtomaten und Basilikum in Kombination mit Schafkäse.

Dreierlei Aufstrich auf Paprika

250 g Topfen
2 EL Crème fraîche
1/4 Zwiebel
2 Knoblauchzehen
1 EL Kürbiskerne
1 Msp. Paprikapulver
gehackte Kräuter
Salz
4 Paprikahälften
Knäckebrot oder Sesamgrissini

20 Min.

- Topfen mit Crème fraîche verrühren
- Zwiebel und Knoblauch schälen und fein hacken
- 1/3 der Topfenmasse in eine kleine Schüssel geben
- Zwiebel und Knoblauch dazurühren und salzen
- nochmals 1/3 der Topfenmasse in eine kleine Schüssel geben
- Kürbiskerne hacken
- Topfenmasse mit Kürbiskernen und Paprikapulver verrühren, salzen
- die restliche Topfenmasse mit gehackten Kräutern verrühren, salzen
- Paprikahälften von Strunk und Kernen befreien
- von jedem Aufstrich einen Teil in die Paprikahälften einfüllen
- mit Knäckebrot oder Sesamgrissini servieren

Speckjause

400 g Speck
2 Tomaten
1 Salatgurke
Salz
evtl. 1 Rettich

- Speck sehr fein aufschneiden
- Tomaten vierteln
- Gurke in Scheiben schneiden
- Speck, Tomaten und Gurkenscheiben auf einem großen Holzbrett anrichten
- evtl. Rettich fein hobeln und ebenfalls anrichten

15 Min.

Tipp:
Wichtig ist, hier wirklich Speck von sehr guter Qualität zu verwenden, am besten direkt beim Bauern oder auf dem Bauernmarkt kaufen. Dort findet man auch das frische Brot, das man unbedingt noch dazureichen sollte.

Gefüllte Avocados

4 Avocados
200 g gedünstete Lachsfilets, in Scheiben geschnitten
125 g Crème fraîche
Salz

Petersilie zum Dekorieren

- Avocados halbieren, entsteinen und das Fruchtfleisch herausschaben
- Fruchtfleisch mit einer Gabel zerdrücken
- Lachsfilets klein schneiden, etwas für die Dekoration zurückbehalten
- Fruchtfleisch, Lachsfilets und Crème fraîche gut abrühren, salzen
- Avocadoschalen damit füllen
- mit je einem kleinen Lachsstück und Petersilienblättern dekorieren

15 Min.

Tipp:
Wenn man die Avocado drückt und sie nachgibt, ist sie reif.

Lauchpolster

1/2 Stange Lauch
100 g Schinken
200 g Plunderteig
1 Ei

25 Min.

- Lauch in kleine Stücke schneiden
- Schinken ebenfalls klein schneiden
- Plunderteig ausrollen und Quadrate ausradeln
- mit verquirltem Ei bestreichen
- mit Lauch und Schinken belegen
- Backrohr auf 220 °C vorheizen
- Backblech mit Backpapier belegen
- Teigstücke daraufsetzen
- Backblech ins Rohr schieben und die Lauchpolster 12 Minuten backen
- Backrohr nach einigen Minuten auf 190 °C zurückschalten

Brezeljause

4 große Salzbrezeln
Salatblätter
2 längliche rote Paprikaschoten
100 g Käse

15 Min.

- Salatblätter der Länge nach schneiden
- Paprika putzen, entkernen und ebenfalls der Länge nach schneiden
- Käse fein hobeln
- Salzbrezeln horizontal aufschneiden
- je eine Hälfte der Brezel mit Salatblättern, Käse und Paprikaschoten belegen
- mit der anderen Hälfte der Brezel abschließen

Tipp:
Ich nehme auch gerne Pflücksalat oder Rucola und anstelle von Hartkäse passt dann Schafkäse gut dazu.

Tomate mit Borretschblüten

12 Cocktailtomaten
200 g Topfen
2 EL Crème fraîche
Salz
Pfeffer
24 Borretschblüten

15 Min.

- Topfen mit Crème fraîche abrühren, salzen und pfeffern
- Cocktailtomaten halbieren und aushöhlen
- mit Topfen füllen
- mit Borretschblüten dekorieren

Tipp:
Anstelle von Borretschblüten kann man auch andere essbare Blüten wie Malve oder Gänseblümchen verwenden. Dazu schmeckt Ciabatta.

Hühnergeschnetzeltes mit Hirsebällchen

600 g Hühnerbrüste
1 TL Paprikapulver
Salz
Pfeffer
Öl
1 Pkg. Bio-Hirsebällchen
Salatblätter

15 Min.

- Hühnerbrüste klein schneiden, salzen und pfeffern, mit Paprikapulver bestreuen
- Öl in einer Pfanne erhitzen, Hühnerbrüste darin beidseitig einige Minuten anbraten
- Salatblätter und Hirsebällchen auf Tellern anrichten
- Hühnerfleisch in kleine Auflaufformen füllen und auf die Teller setzen

Tipp:
Anstelle von Hirsebällchen kann man auch süßen Reis (z.B. mit Ananas oder Rosinen) zubereiten.

Sauerkrautstrudel

200 g Blätterteig
1 Pkg. Sauerkraut
Kümmel
Salz
Pfeffer
1 Eidotter

- Blätterteig ausrollen
- Teig mit dem Teigraderl an den Längsseiten im Abstand von 2 cm ca. 3 cm einschneiden
- Sauerkraut gut ausdrücken, mit Kümmel, Salz und Pfeffer würzen und auf dem Teig verteilen
- Teigenden abwechselnd übereinanderklappen
- Strudel mit Dotter bestreichen
- bei 200 °C 20 Minuten backen

30 Min.

Kuchen, Torten und Kekse

Wenn Besuch kommt, möchte man gerne Selbstgebackenes anbieten. Viele traditionelle Rezepte sind eher zeitaufwändig, es gibt aber auch Ausnahmen:

Blechkuchen sind meist rasch zubereitet, weil sie eine kurze Backzeit haben. Ich backe sehr gerne alle Arten von Blechkuchen, die bei Gästen gut ankommen, die man aber auch gut mitnehmen kann, wenn man zu einer Grillparty oder Geburtstagsfeier eingeladen ist.
Ganz schnell gemacht, wenn kurzfristig Besuch kommt, ist meine Biskuitroulade. Biskuitteig eignet sich überhaupt sehr gut für die schnelle Küche, man kann beispielsweise kleine Törtchen daraus machen, die man mit Obst belegt, oder Schnitten daraus backen.

Und auch das Keksebacken muss nicht ewig dauern: Vanillekipferl sind sehr schnell gemacht, das Rezept in diesem Kapitel verwende ich schon seit Jahren und die Vanillekipferl gelingen immer.
Wichtig ist es, sich zu überlegen, was man gut kann, gerade wenn man es eilig hat. Wer gerne Torten und Kuchen verziert, dem bereitet es keinen großen Zeitaufwand, in Kürze eine köstliche Sahnetorte herzustellen. Wer allerdings bei dieser Tätigkeit nicht so versiert ist, sollte sich auf Kuchen, die mit Obst belegt werden, oder zum Beispiel auch Linzer Schnitten konzentrieren.

Nur wer sehr versiert beim Backen ist, sollte, wenn es schnell gehen soll, mit neuen Teigen experimentieren, so groß die Versuchung auch ist. Ansonsten ist es ratsam, auf bewährte Rezepte zurückzugreifen.

Apfelstrudel

500 g Äpfel
200 g Blätterteig
evtl. 1 EL Rosinen
Zimt, Vanillezucker und Zucker nach Belieben

Staubzucker zum Bestreuen

40 Min.

- Äpfel entkernen und blättrig hobeln
- mit Zucker, Zimt und Vanillezucker abschmecken, evtl. Rosinen dazugeben
- Blätterteig ausrollen, mit Fülle belegen
- Teigenden übereinanderklappen (man kann den Teig auch an den Enden im Abstand von 2 cm einschneiden und übereinanderklappen)
- bei 200 °C im vorgeheizten Backrohr 30 Minuten auf einem mit Backpapier ausgelegten Blech backen
- Apfelstrudel vor dem Servieren mit Staubzucker bestreuen

Tipp:
Durch die Verwendung von Blätterteig anstelle von Strudelteig ist der Apfelstrudel sättigender.

Biskottenkuchen

für 4 Kuchenstücke

16 ganze Biskotten
5 in Stücke geschnittene Biskotten
1/2 l Schlagobers
1/8 l warmer Kaffee

Schokosauce zum Verzieren

10 Min.

- 4 Dessertteller vorbereiten
- Schlagobers mit etwas Zucker steifschlagen und in die Hälfte teilen
- Biskottenstücke durch den Kaffee ziehen
- unter einen Teil des Schlagobers mischen
- die ganzen Biskotten durch den Kaffee ziehen und jeweils zwei auf einem Teller anrichten
- Schlagobers mit den Biskottenstücken darauf verteilen
- jeweils 2 Biskotten daraufsetzen
- Kuchenstücke rundherum mit Schlagobers bestreichen
- mit Schokosauce verzieren

Tipp:
Dieser Biskottenkuchen ist eine schnelle Variante von Tiramisu.

Muffins

für 12 Stück

200 g Mehl
75 g Stärkemehl
1 Msp. Backpulver
175 g Butter
70 g Zucker
4 Eier

35 Min.

- zimmerwarme Butter mit Zucker flaumig abtreiben
- nach und nach Eier einrühren
- Mehl mit Stärkemehl und Backpulver versieben
- unter die Masse rühren
- Teig in die befetteten und bemehlten Muffinformen füllen
- bei 180 °C 20–25 Minuten backen

Tipp:

Ich liebe dieses Muffinrezept, weil es sehr leicht gelingt und sich gut abwandeln lässt, z.B. indem man Schokoladenstücke unter den Teig hebt oder einen Teil des Mehls durch geriebene Haselnüsse ersetzt. Sie lassen sich auch sehr gut einfrieren. Muffins können je nach Lust und Laune verziert werden, angefangen von Schlagobers über Schokoglasur bis hin zu Punschglasur.

Biskuitroulade

6 Eier
175 g Zucker
1/16 l warmes Wasser
150 g Mehl
1 Msp. Backpulver

Marillenmarmelade zum Bestreichen
Staubzucker zum Bestreuen

25 Min.

- Eier trennen
- Eiklar zu steifem Schnee schlagen
- Dotter mit Zucker schaumig aufschlagen, Wasser nach und nach dazurühren
- Mehl mit Backpulver vermischen
- Schnee mit Dottermasse vorsichtig verrühren
- Mehl unterheben
- auf ein mit Backpapier ausgelegtes Blech streichen
- bei 190 °C 12 Minuten backen
- Küchentuch befeuchten und mit Zucker bestreuen
- Biskuit auf das Küchentuch stürzen
- mit Marillenmarmelade bestreichen
- einrollen
- mit Staubzucker bestreuen

Tipp:
Probieren Sie statt Marillenmarmelade andere Füllungen aus, z.B. Topfen- oder Buttercreme.

Birnen-Obers-Torte

für 1 Form Ø 26 cm

3 Eier
130 g Staubzucker
3 EL warmes Wasser
120 g Mehl
etwas Backpulver

Für die Fülle:
500 g Topfen
Zucker nach Geschmack
500 g Schlagobers
1 Dose Birnenhälften

Schokoflocken
zum Bestreuen

**40 Min.
(ohne Auskühlzeit
des Biskuits)**

- Eier, gesiebten Staubzucker und Wasser schaumig schlagen
- Mehl mit Backpulver vermischen und unter die Eiermasse heben
- in einen befetteten und bemehlten Tortenring geben, bei 180 °C 25 Minuten backen
- Tortenring entfernen
- Biskuit im Kühl- oder Gefrierschrank auskühlen lassen
- inzwischen Schlagobers aufschlagen
- Topfen mit Zucker flaumig rühren und mit Schlagobers verrühren
- Birnen gut abtropfen lassen
- ausgekühlten Biskuitteig aus dem Kühl- oder Gefrierschrank nehmen
- mit Birnenhälften belegen
- mit Schlagobers-Topfen-Masse bestreichen
- mit Schokoflocken bestreuen

Tipp:
Anstelle von Birnen verwende ich auch gerne Marillen.

Erdbeeren mit Biskuitwürfeln

175 g Zucker
150 g Mehl
1 Msp Backpulver
6 Eier
1/16 l warmes Wasser

500 g Erdbeeren
Melissenblätter
für die Deko

25 Min.

- Eier trennen und Eiklar zu steifem Schnee schlagen
- Zucker mit Dotter schaumig rühren, warmes Wasser einrühren
- Mehl mit Backpulver vermischen
- alle Zutaten vorsichtig zusammenrühren, auf ein befettetes und bemehltes Backblech aufstreichen
- bei 190 °C im vorgeheizten Backrohr 12 Minuten backen
- inzwischen Erdbeeren waschen und putzen, in Stücke schneiden
- Biskuit aus dem Backrohr nehmen und in Würfel schneiden
- Biskuitwürfel auf Tellern mit den Erdbeeren anrichten
- mit Melissenblättern dekorieren

Tipp:
Ich serviere die Erdbeeren mit Biskuitwürfeln auch gerne mit Vanilleeis und Schlagobers.

Nussschnitten

250 g Butter
200 g Zucker
5 Eier
400 g Mehl
1 Msp Backpulver
150 g gemahlene Haselnüsse

Für die Glasur:
200 g gesiebter Staubzucker
3 EL Wasser
Saft von 1/2 Zitrone

Marmelade
Butter und Mehl zum Befetten des Backblechs

40 Min.

- weiche Butter mit Zucker flaumig rühren
- Eier nach und nach einrühren
- Haselnüsse dazurühren
- mit Mehl und Backpulver vermischen
- vorsichtig unterheben
- Backblech befetten und bemehlen
- Teig aufstreichen
- bei 185 °C 30 Minuten backen
- mit Marmelade bestreichen
- für die Glasur Staubzucker mit Wasser und Zitronensaft verrühren, es soll eine zähflüssige Glasur entstehen
- nach dem Backen die Glasur über dem Kuchen verteilen

Tipp:
Wenn ich mehr Zeit habe, dann bereite ich eine Buttercreme und bestreiche die Nussschnitten damit.

Raffaellotorte

für 1 kleine Springform
Ø 19 cm

Für den Rührteig:
90 g Mehl
1 Msp. Backpulver
60 g Zucker
40 g Butter
1 kleines Ei
90 ml Milch
1 EL Mineralwasser

Für die Creme:
500 ml Schlagobers
Zucker nach Belieben
150 g Raffaello-Pralinen

Butter und Mehl zum
Befetten der Form

40 Min.

- Zucker mit weicher Butter und Ei gut verrühren
- Milch und Mineralwasser nach und nach unterrühren
- Mehl mit Backpulver versieben und unter die Masse heben
- Springform befetten und bemehlen
- der Teig sollte etwas zähflüssig sein, evtl. bei Bedarf noch etwas Wasser dazugeben
- Teig in die Backform füllen
- im vorgeheizten Backrohr bei 200 °C 15–20 Minuten backen
- gebackenen Tortenboden in der Springform zum Auskühlen in das Tiefkühlfach stellen
- inzwischen Schlagobers mit Zucker aufschlagen
- einige Raffaello-Pralinen für die Deko beiseitelegen
- die restlichen Raffaello-Pralinen grob zerbröseln
- Raffaellostücke zur Hälfte des Schlagobers geben
- ausgekühlten Tortenboden aus dem Tiefkühlfach nehmen
- aus der Springform lösen
- Raffaello-Schlagobers auf dem Tortenboden verstreichen
- restliches Schlagobers darüber verteilen
- mit Raffaello-Pralinen dekorieren

Tipp:

Ideal, wenn Sie eine gut nachzubackende Torte suchen, die auch noch schnell fertig ist. Ich habe sie zusammen mit meiner Tochter entwickelt, die Bäckerin und Konditorin ist. Sie ist unter den schnellen Torten unser absoluter Liebling!

Amicelli-Torte

100 g Biskotten
1 Pkg. Amicelli-Röllchen
80 g Butter
500 ml Schlagobers
200 g Vollmilch-Schokolade

etwas gehackte Schokolade
essbare Blüten
nach Belieben

20 Min.
(ohne Kühlzeit)

- Biskotten und Amicelli-Röllchen in ein Gefriersackerl füllen, einige Amicelli-Röllchen für die Dekoration zurückbehalten
- mit dem Nudelholz zerkleinern
- inzwischen Butter zerlassen
- Butter und Biskotten vermischen
- Springform mit Backpapier auslegen
- Biskottenmischung einfüllen
- ins Gefrierfach stellen
- inzwischen Schlagobers aufschlagen
- Vollmilchschokolade schmelzen und im Gefrierfach auskühlen lassen
- Schlagobers mit Vollmilchschokolade verrühren
- über den Tortenboden verteilen
- Amicelli-Röllchen halbieren und die Torte damit dekorieren
- mit gehackter Schokolade bestreuen
- 1 Stunde ins Gefrierfach stellen
- Tortenstücke mit essbaren Blüten und Amicelli-Röllchen dekorieren

Sacherschnitten

140 g Mehl
1 Msp Backpulver
1 TL Kakaopulver
140 g Butter
140 g Zucker
5 Eier
120 g Kochschokolade

Für die Glasur:
120 g Kochschokolade
100 g Zucker
100 ml Wasser

Marillenmarmelade zum Füllen

Butter und Mehl zum Befetten der Form

45 Min.

- Eier trennen und Eiklar zu steifem Schnee schlagen
- weiche Butter mit Zucker flaumig rühren, Dotter nach und nach dazu rühren
- Mehl mit Backpulver und Kakaopulver vermischen
- alle Zutaten vorsichtig zusammenrühren
- Backblech befetten und bemehlen
- Teig aufstreichen
- bei 170 °C 35 Minuten backen
- für die Glasur 10 Minuten vor Ende der Backzeit (wenn man es sehr eilig hat) die Schokolade erwärmen
- Zucker mit Wasser bis zum Faden aufkochen (man zerreibt einige Tropfen der Flüssigkeit zwischen Daumen und Zeigefinger – es muss sich ein Faden bilden, dann ist die Glasur fertig)
- inzwischen Marillenmarmelade glattrühren
- Kuchen in zwei Teile schneiden
- einen Teil mit Marillenmarmelade bestreichen
- den zweiten Kuchen darauflegen
- ebenfalls mit Marillenmarmelade bestreichen
- Schokolade und Zuckerglasur verrühren
- über den Kuchen gießen

Tipp:
Wenn es sehr schnell gehen soll, kann man auch fertige Tortenglasur verwenden. Die im Rezept angeführte Glasur schmeckt aber unvergleichlich gut.

Linzer Schnitten

300 g Mehl
1 Msp. Backpulver
300 g Butter
240 g Staubzucker
4 Eier
300 g geriebene Haselnüsse
Zimt

Marmelade zum Bestreichen
Staubzucker zum Bestreuen
Butter und Mehl zum Befetten des Backblechs

- weiche Butter, gesiebten Staubzucker und Eier schaumig aufschlagen
- Haselnüsse, Zimt und mit Backpulver vermischtes Mehl unterheben
- Backblech befetten und bemehlen
- 2/3 des Teiges darauf streichen
- mit Marmelade bestreichen
- den restlichen Teig mit Mehl verkneten, sodass er sich gut ausrollen lässt
- Teigstreifen ausradeln und gitterförmig über den Kuchen legen
- bei 170 °C 35 Minuten backen
- mit Staubzucker bestreuen

45 Min.

Tipp:
Linzer Schnitten bleiben mehrere Tage lang frisch, sie können daher gut am Vortag zubereitet werden.

Vanillekipferl

für 2 Bleche, ca. 70 Stück

150 g glattes Mehl
1 Msp. Backpulver
100 g geriebene Haselnüsse
40 g Zucker
110 g Butter
Vanillezucker mit Staubzucker vermischt (Menge variabel, je nachdem wie süß man die Kipferl haben möchte)

- Mehl mit Backpulver, Haselnüssen und Zucker vermischen
- Butter in Flöckchen schneiden und rasch in die Mehlmischung einkneten, kurz kühl stellen
- Teig zu einer Rolle formen
- kleine Stücke abstechen
- Backblech mit Backpapier belegen
- Teigstücke zwischen den Handflächen rollen und Kipferl formen
- bei 180 °C Heißluft 12–15 Minuten backen
- etwas überkühlen lassen und in dem Vanille-Staubzucker-Gemisch wälzen

20 Min. (ohne Ruhezeit)

Tipp:

Wenn Zeit bleibt, den Teig länger (1–2 Stunden) rasten zu lassen (in der Zeit zieht das Fett ins Mehl ein und der Teig wird weicher), kann man den Teig bröseliger zubereiten.

Bei der Zubereitung in der Küchenmaschine einfach Mehl, Backpulver, Haselnüsse und Zucker in die Küchenmaschine geben, kurz mit dem Mixermesser verrühren, Butter in kleinen Stücken dazugeben und mixen, bis sich ein kompakter Teig bildet.

Cornflakes-Kekse

250 g Milchschokolade
100 g Cornflakes

Konfekthüllen

20 Min.

- Cornflakes grob zerstoßen
- Milchschokolade erweichen
- Cornflakes mit Milchschokolade vermischen
- Backblech mit Backpapier belegen
- kleine Cornflakes-Häufchen daraufsetzen
- auskühlen lassen
- in Konfekthüllen setzen

Tipp:

Man kann auch gehackte Haselnüsse oder Pinienkerne untermischen und die Cornflakes-Kekse mit weißer Kuvertüre verzieren.

Glossar

Crème fraîche = Schmand
Eidotter = Eigelb
Eiklar = Eiweiß
Germ = Hefe
Kastanien = Maroni
Marillen = Aprikosen
Sauerrahm = Saure Sahne
Schlagobers = Sahne
Schwarzbeeren = Heidelbeeren
Staubzucker = Puderzucker
Topfen = Quark

Abkürzungen

kg – Kilogramm
g – Gramm
EL – Esslöffel, Suppenlöffel
TL – Teelöffel, Kaffeelöffel
Msp. – Messerspitze
Pkg. – Packung
l – Liter
ml – Milliliter

Mengenangaben

Die Rezepte sind für 4 Personen gedacht.

Register nach Zubereitungszeit

Die Autorin

Heidi Huber, geboren 1960 in Salzburg, ist Mutter von fünf Kindern und Bäuerin am Katzlmooshof.
Nach ihrer Ausbildung zur Seminarbäuerin leitete sie zwei Jahre lang das Projekt „Lebensqualität Bauernhof" in Salzburg. Sie hat bereits mehrere Kochbücher veröffentlicht. Bei Löwenzahn erschienen: 2009 „Das Bäuerinnen-Kochbuch der Jahreszeiten. 365 Rezepte nach dem Erntekalender", 2010 „Das Jahreszeiten-Kochbuch zum Abnehmen. Einfach und natürlich zum Wohlfühlgewicht" und 2011 „Köstlichkeiten aus Germteig".
www.heidihuber.at